世界標準かつ
最先端の
ECサイト構築入門

商品売るなら
Shopify《ショッピファイ》

shopify 公認エキスパート
株式会社フルバランス代表
角間 実 Kakuma Minoru

フォレスト出版

本書刊行に寄せて

Shopify の日本での認知度はまだまだこれからという2017年に角間さんにお会いしました。

これから日本でどれくらい伸びるかも分からない Shopify にリソースを投下することを躊躇する方々も多いなか、角間さんは迷いなく小さな案件も丁寧にこなし、オンラインでの Shopify についての情報コンテンツもコツコツと発信されていました。

当時何もなかった Shopify と私の言葉を信じてくださり、ともに走り抜けた日々を経て、それぞれの企業が何倍にも成長している今、本書の出版をともに祝福できることを大変嬉しく思います。

元 Shopify 日本第一号社員
上野チェルシー有彩

はじめに

「ネットショップをこれから作るなら、どのプラットフォームがいいのか？」
「Shopify って話題だけど、楽天市場やＢＡＳＥと何が違うの？」

このようにお考えのあなたに、本書は「Shopify のどこが画期的なのか」について知っていただき、そして Shopify を活用してビジネスを成功に導くための本です。

Shopify が急成長している理由

インターネットで Shopify について検索すると、「世界ナンバーワン」「アマゾンキラー」「越境ＥＣ（電子商取引）に向いている」「アプリが多機能」「決済が豊富」など、おすすめとされるポイントがたくさん見つかります。
しかし結局のところ「なんだかいろいろすごそうだけど、ほかと比べて何が優れているのかよくわからない」と感じたことはありませんか。

Shopifyを一言で表すと「機能拡張ができるレンタル型の通販カートシステム」です。レンタル型なのに機能拡張が追加できる。この一点により、ネットショップ運営者にあった、さまざまな課題を解決し、**「アマゾンキラー」**とまで呼ばれるほどに成長しました。

ネット通販の代表格といえば、これまでは楽天、アマゾンでしたが、いまや有名なモールに出店しておけば売れるという時代ではありません。
消費者の購買行動におけるリテラシーは年々高まり、買い物はただモノを買う行為から、新しい「体験」や「経験」のための手段に変わりました。このように変化を続けるＥＣビジネス市場で、最先端のニーズに合致しているのがShopifyなのです。

ひとつの「新しい思想」がネットショップのゲームそのものを変えた

これまで多くのネット通販システムは「利用者（購入者）」のほうを向いてシステムが構築されてきました。そのなかで、店舗運営者（マーチャント）の使いやすさや利益がどこか後回しにされてきたところもあります。

Shopifyが大きく違ったのは、利用者をもちろん大切にするのは大前提で、さらに店舗運営者の使いやすさ、利益の優先度を非常に高く設定したことです。

ECビジネスを始めるには、これまで時間も手間もコストも多くかかりました。新規事業として始めるには高いハードルがありました。

一方、Shopifyならサーバー管理も不要で低コスト、デザインも簡単かつ基本機能のみで運営をスタートできる仕組みになっています。

運営後に発生する数々の課題に対しても、その都度、最適解を探すことのできる、多様な機能が備わっており、まずはストアを小さく作り、運営するうちに大きく育てていく思想性が特徴です。

日本上陸時はほぼ英語だったサービスも日本語対応が進み、急速にローカライズされ、日本独自のサービス（楽天市場との連携や決済など）も日々リリースされています。

こうした、Shopifyだからこそできるビジネスのヒントについても解説しました。

Shopifyを使って成功している国内事例も多数紹介

Shopifyはブランドに共感するファンを創造し、ファンとともにブランドを発展させていく、いま話題を集めている**「D2C（DtoC=Direct to Consumer）」**との親和性が非常に高いことをご存じでしょうか。

SNSや付随する広告との連携が簡単なので、顧客とコミュニケーションを取りやすく、拡張機能も顧客の反応を見ながら随時変更していける柔軟さがあるためです。

とはいえ、何か特別なことをするのが「D2C」ではなく、自社サイトで自社のブランドをお客様に直接伝え、お客様の反応を見ながら改善し続けることそのものが

「D2C」のキーコンセプトともいえます。

ともすると、海外の成功事例ばかりが取り上げられがちなジャンルですが、本書では第3〜4章で**ShopifyでECサイトを構築してビジネスを成功させている国内企業の事例**を挙げて、使ったからこそわかるShopifyの魅力やビジネスへの活かし方を深堀りしてご紹介しています。

Shopifyの魅力の一つに、専門知識がなくても扱えることがあります。

そこで、第5章ではアカウント開設〜サイト公開までを実際の画面を使ってご案内しています。ぜひ本書を片手にECサイトを作ってみてください。「思ったより簡単だ」ときっと感じていただけるはずです。

作業中に専門用語でお困りの際には、ぜひ第6章にまとめたトラブル解決集や、巻末付録の用語解説をお役立てください。

ソフトウェアエンジニアである著者が一目で惚れこんだShopify

私はソフトウェア開発業を20年近く行っております。Shopifyが最初に壊したのが「スクラッチ開発」だとすると、まさにこれらを今も稼業としており、本来「反Shopify」の急先鋒的な立場にいるべきかもしれません。

そんな著者が2017年、まだ日本でほとんど誰もShopifyを知らなかった時に**「こんなに利用者のメリットを追求したシステムが実現できるのか」**と、あたかも「嫌よ嫌よも好きのうち」といった具合で、悔しさとは裏腹に一目惚れをしてしまったのを今でも覚えています。

2020年のコロナ禍のいま、自社ネットストア構築はこれまで以上に注目されており、その中心にShopifyがあります。

この本を通して、「やっぱりShopifyってすごいな」「これなら自分も始められるかもしれない」と感じ、Shopifyが持つ、「小さくはじめて、大きく育てる」の入り口に立っていただけると嬉しいです。

株式会社フルバランス代表　角間　実

『商品売るならShopify』　もくじ

第1章

なぜ、今Shopifyが選ばれるのか？　17

第2章 Shopifyだからこそできること

第3章 Shopify活用事例（ロングインタビュー編）

第4章 Shopify活用事例（回答編）

第5章

さっそくShopifyでストアを作ろう！

——超簡単ECサイト構築法

第6章

Shopifyサイト構築におけるトラブル “あるある”解決集

技術編

巻末付録

装丁・本文デザイン　河南祐介（FANTAGRAPH）
図版制作　ファミリーマガジン
DTP　キャップス
編集協力　塚越雅之（TIDY）

第1章

なぜ、今Shopify《ショッピファイ》が選ばれるのか?

今、話題のShopifyのどこがすごいのか。
その支持される理由は何か。
まずはECビジネス全体の動きから透けて見えてくる
消費者動向から、ECビジネスにおけるShopifyの可能性、
そしてShopifyの優れた点を具体的にご紹介します。

「リアル店舗だけ」の弱みにみんな気づいてしまった

「商品とは、消費者が店に足を運び直接手に取って購入するもの」

そんな常識が一気に塗り替わりました。

コロナ禍により、対面での購入が敬遠され、これまで「インターネットで買うべき商品」を買うための手段であったネット通販が、「とにかく何でもネットで買う」という時代に突入しました。

ここで大きく変わったのが消費者心理です。

多くの商品をオンラインで購入しだすと「むしろネットで買いたい」の範囲が着実に広がっていきます。

これまでの小売ビジネスは店舗を中心に、オンライン販売は二次的なものでした。

あくまでも店舗が主で、ＥＣサイトは「店舗をオンライン化したもの」だったわけです。

しかし、コロナで状況が一変しました。

オンラインで高級車が売れる時代です。

人々の購買行動の常識が大きく変わるなか、「リアル店舗だけの商売」はきわめてリスキーといえます。これからは「オンラインを中心にリアル店舗を設計すること」が求められています。

企業内のあらゆる業務のシステム構築といったデジタルトランスフォーメーション（ＤＸ）もさらに拍車がかかってきました。

テクノロジーが主役の世界はもう足元まで迫ってきています。「在宅勤務（リモートワーク・テレワーク）」が主流となり、新しいビジネスの潮流も見えてきました。

今後はデジタル技術を用いた顧客とのコミュニケーションは必須《ひっす》であり、顧客へのレスポンスの速さという観点からもデジタルでの営業・クロージングの強化なども求められています。

もはや、従来の手法では物が売れない時代なのです。

ECビジネスの新たな潮流「D2C」の主役となるShopify

EC（電子商取引）の世界は「デジタル化した新しいビジネスの形」が一足先に本格化して、すでに市場を席巻しています。2020年7月に発表された経済産業省のデータによると、国内 BtoC-EC 市場規模は19・4兆円に達します。

そんな時代の中で急浮上してきたのが、「D2C」（DtoC = Direct-to-Consumer）という考え方です。生産者自身が企画、製造した商品をリアルな店舗を介さず、自社のECサイトで直接顧客へ販売するビジネスモデルです。

ネットショッピングは、もはや生活の一部です。

ステイホーム以降、その動きは一気に加速しました。

デジタル時代の到来で、スピードや情報の伝達手法の見直し、再構築を図る企業側にとって、いよいよ小売店を通さずに、商品やコンテンツが売れる環境が整ったのです。すでに実店舗は、商品を手に取って確認する場、販売員とのコミュニケーションのためにのみ利用し、購入はＥＣサイトから行うのがデファクト・スタンダードになりつつあります。

さらに、ＳＮＳなどのソーシャルメディア、オウンドメディアも「Ｄ２Ｃ」の追い風となっています。

テレビや雑誌などのメディアではなく、ネットを通じて情報が拡散される時代です。メディア・リテラシーの向上などから、顧客はすでにリアル空間からバーチャル空間でのやりとりに信頼性を感じ始めているのです。

ネットビジネスは人件費や設備費などの削減に貢献しました。そしてその余った資金はさらに商品やコンテンツをアピールする予算に充てることで、ビジネスを推進させていく好循環が可能になりました。

この流れをブーストさせているサービスが、本書で解説するShopifyです。

Shopifyはグローバルシェア世界一のＥＣサイト構築プラットフォームであり、じつに１７５カ国、１００万人以上、50言語、１３０ヵ国以上の通貨に対応可能です。２０１８年に日本語対応が進んで以降、国内でも利用者が急増しています。

図①》急増するEC取引

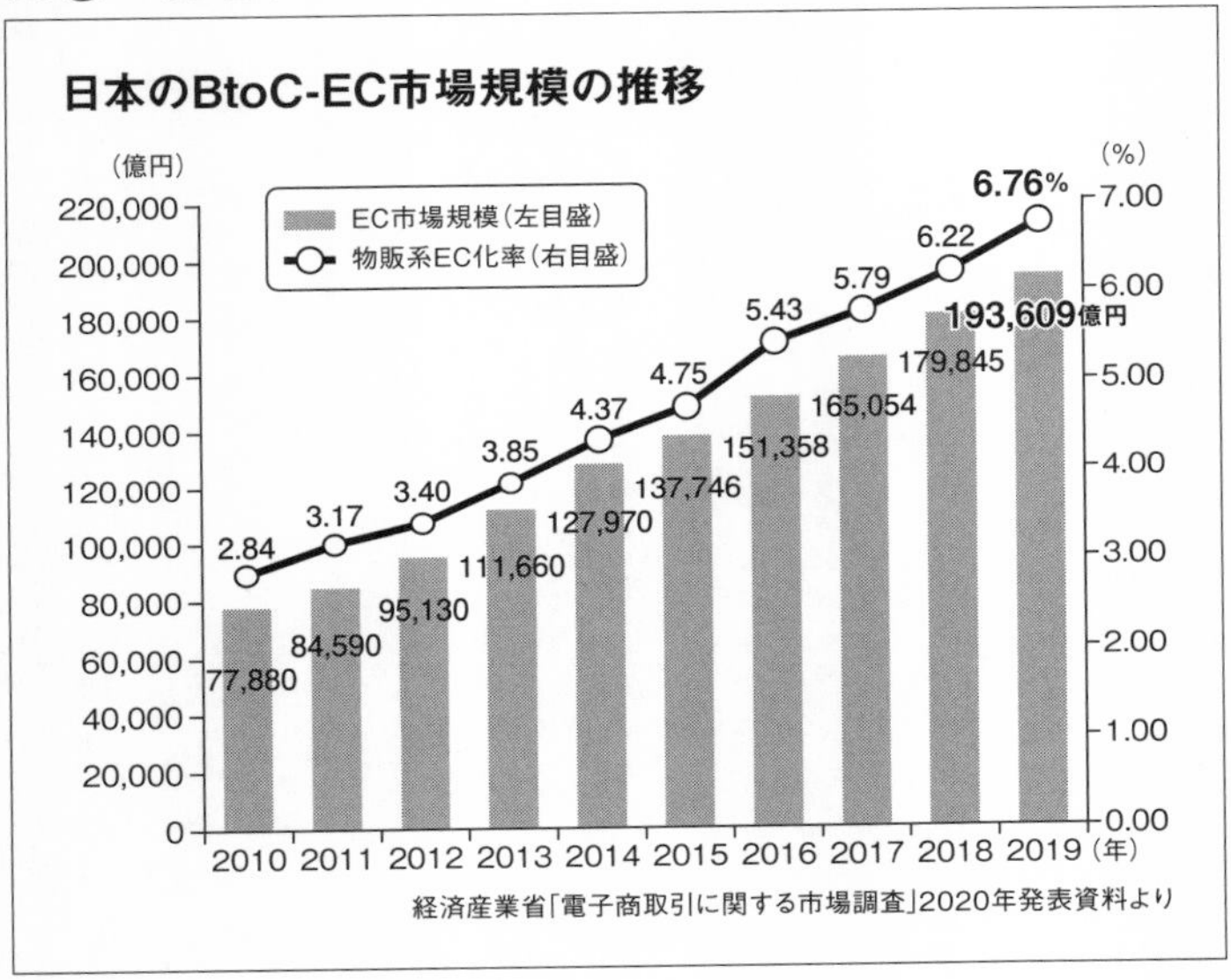
日本のBtoC-EC市場規模の推移
(億円)
(%)
EC市場規模(左目盛)
物販系EC化率(右目盛)
220,000
200,000
180,000
160,000
140,000
120,000
100,000
80,000
60,000
40,000
20,000
0
7.00
6.00
5.00
4.00
3.00
2.00
1.00
0.00
2.84
3.17
3.40
3.85
4.37
4.75
5.43
5.79
6.22
6.76%
77,880
84,590
95,130
111,660
127,970
137,746
151,358
165,054
179,845
193,609億円
2010
2011
2012
2013
2014
2015
2016
2017
2018
2019
(年)
経済産業省「電子商取引に関する市場調査」2020年発表資料より

世界に開かれたECサイトであればお客様は78億人

昨今、大企業も倒産する時代となり、コロナ禍でそれは加速しています。**店舗数を増やし、在庫を管理して顧客を増やしていく従来のビジネスモデルは古いものとなりつつあります。**さらに百貨店など小売に商品を卸すだけのビジネスモデルは顧客データを自社に蓄積できず、売上も卸先に依存するため、今や危険なモデルとなりました。

国内では売上は横ばい、GDPは国内だけに限れば落ちていくはずです。コロナ禍で、訪日つまりインバウンドの外国人が減少続きです。

従来なら、店舗の近くまで訪れる人が初めてユーザーになりえましたが、EC、インターネットを使った通販なら、ショップ設置の時点ですぐにでも日本中に情報が届き、さらに良質なアプリケーションを使用することで、英語に翻訳するだけで英語圏のユーザー、さらに多言語もカバーすれば、すべての通貨、すべての言語をも対応可能とすることができます。

2020年現在の世界の人口は77億9500万人。

つまり、これまでの国内市場1億2000万人のお客様から、一気に約78億人に潜在顧客が増えるわけです。

今後、ECビジネスを始めるなら、日本国内に顧客、ファン、コミュニティを持てる体制に加えて、さらに英語圏から多言語圏をも視野に入れることが成功の鍵となります。

数年前に比べると、ECサイトを始めるのは難しくありません。簡単なサイトであれば1時間もあれば開設できます。

この時代に小売を始めたい人なら、小売とネット通販を同時に始めるという選択肢以外にないといってもいいぐらいです。

むしろそれが常識なのです。

直接売ることで自分の「ブランド」や「看板」を確立できる

小売とネット通販を同時に、簡単に始められるということは、小売業者、中小メーカーの商品開発担当者や販売企画担当者にとっては、きわめて朗報です。すでに顧客を抱えている事業者なら間違いなく勝機です。

特に、Shopifyはたとえば、他社ブランドで販売される製品を生産するOEMメーカーなどにとっては大きな可能性が開かれました。

これまでさまざまな理由からユーザーに直接売ることができず、無名のメーカーとして生産していた業者、たとえば「一流ブランドのOEMだけやってます」といった、**直接ユーザーのもとに届けられない理由で販売できなかった多数の業者が、直接売ることで自分の「ブランド」や「看板」も立てることができるようになったのです。**

つまり無数の中間メーカーが、取引先を飛び越して、自分たちの技術やサービスを売れるのです。

しかし一方で、大きな特徴がない商品のみ取り扱う業者にとっては旨味《うまみ》が少ないのも事実です。ただし、悲観すべきではありません。

むしろ、SNSやネット固有の仕組みを駆使したアイデア、活用方法の考案で、自社の商品や技術の特徴を際立たせる施策で売上を伸ばすことは十分に考えられます。

たとえば、Shopify活用の成功事例として、駄菓子を海外に向けて販売する通販でサブスクリプションを組み込んだメーカーが低単価の商品を見事に商流に乗せています。

OEMメーカーや自社製品を販売するメーカーが、Shopifyという新たな「面」、つまり販路、販売チャネルを使うことは、その面積が増えた分だけ露出も増えて販売機会も増えるということにつながります。

Shopifyへのわずかな投資で新しい顧客獲得の可能性がぐっと高まるわけです。

これまでOEM専業だったメーカーが、Shopifyのストアを通して、自社の生のマーケティングデータやユーザーの属性データを入手することで、現場のリアルな情報をもとに商品の改善や売り方の修正ができるようにもなります。

今どきの消費者は「信頼度の高いところ」から買いたい

もうひとつ、ここ数年顕著にみられるのが、**「公式ショップ」で買いたいニーズ**の高まりです。

ナイキが好例です。２０１９年11月、ナイキがアマゾンへの自社商品の供給を打ち切ることを発表して話題となりました。表向きは「消費者とより直接的で緊密な関係を築いていくため」としていますが、アマゾンの販売商品に模倣品、いわゆる偽物が絶えなかったことが理由ではないかと言われています。

現在、フェイクなどが横行する巨大ショッピングモールではなく、信頼度の高い情報と製品を提供する「公式ショップ」から買いたいニーズが高まっています。ユーザーにとっては、値引き価格もひとつの大きな購買動機ですが、それにもまして、今は**ブランドの「信頼」**も大切なのです。

リアルショップにおいても、量販店で高級時計をセール価格で買うのではなく、銀座の一等地にある本店でスーツ姿の白手袋をしたコンシェルジュから購入したいという欲望も確かに存在します。

人は今、その商品に「ストーリー」を探しています。本物志向の製品作りをポリシーとした中小企業にとっては、オリジナルのブランドと商品を表出できる、またとないチャンスです。

値段以上の安くて良質なモノが溢れ、クチコミを参考に購入することが当たり前となりました。ところが、反対に類似商品が増えすぎて、サクラと呼ばれる偽クチコミも横行したことで、消費者は商品を選びにくくなったのも事実です。多くの商品を購入してきた消費者は、もう安いだけでは満足しません。

特に、日本製を好む中国の方の多くは「信頼度の高いところ」から買いたいというニーズが顕著だといわれています。

中国では、パッケージがまったく一緒なのに中身が偽物だったり、海外のユーザーが一番危惧《きぐ》する海外向けの商品が届く場合があるようです。

具体的にいえば、ある化粧品が日本の商品名で販売しているのに、中国人ユーザーが購入したら、その化粧品が海外向け仕様だった、つまり日本製とは品質が異なるものが届くケースを不安視しています。

信頼のおけるところから確実に買いたいというニーズ。そこで席巻してきたのがShopifyというECサイトプラットフォームなのです。

「プラットフォーム・キラー」としてのShopifyの影響力

ネット通販の花形は、今も昔も**「モール」**です。

モールとは、アマゾンや楽天に代表されます。商品の売り手はそうしたインターネットモールに出店することでECストアをオープンしてきました。

しかし昨今、大手ネット通販の「モール離れ」の話をよく聞くようになりました。先ほどのナイキの例のほかに、ワークマン、ディズニーストアもモールから撤退し、独自のECサイトを構築しています。

この背景として、次の要因が考えられます。

①自社独自で最終顧客に対してしっかりブランディングを行いたいというブランド側の思惑

②プラットフォームの横柄なコントロールから離れたい

アマゾンや楽天といったショッピングモールに出店することは、数多くの顧客に売ることができますが、一方で販売データ、顧客データを管理することはできません。**しかし、自社プラットフォームであれば、顧客データを獲得し、自社で管理することで、マーケティング施策に活用することが可能です。**

もちろんShopifyもプラットフォームです。しかし設計ベースがきわめて小さいため、Shopifyから何かを強制されるということがほとんどありません。

たとえば、決済システムとShopifyはもちろん提携していますが、利用している決済システムが納得いかないのであれば、別のシステムを使えばいいだけの話です。

このようにさまざまな機能を「ロックイン」(データベースなど含めプラットフォームに依存すること)しない自由な設計思想がベースになっています。この点において「プラットフォームからの離脱」というコンセプトと合致します。

このように企業にとって、大手プラットフォームには、メリットとデメリットがあります。

図②》モール型ストアと公式サイトの違い

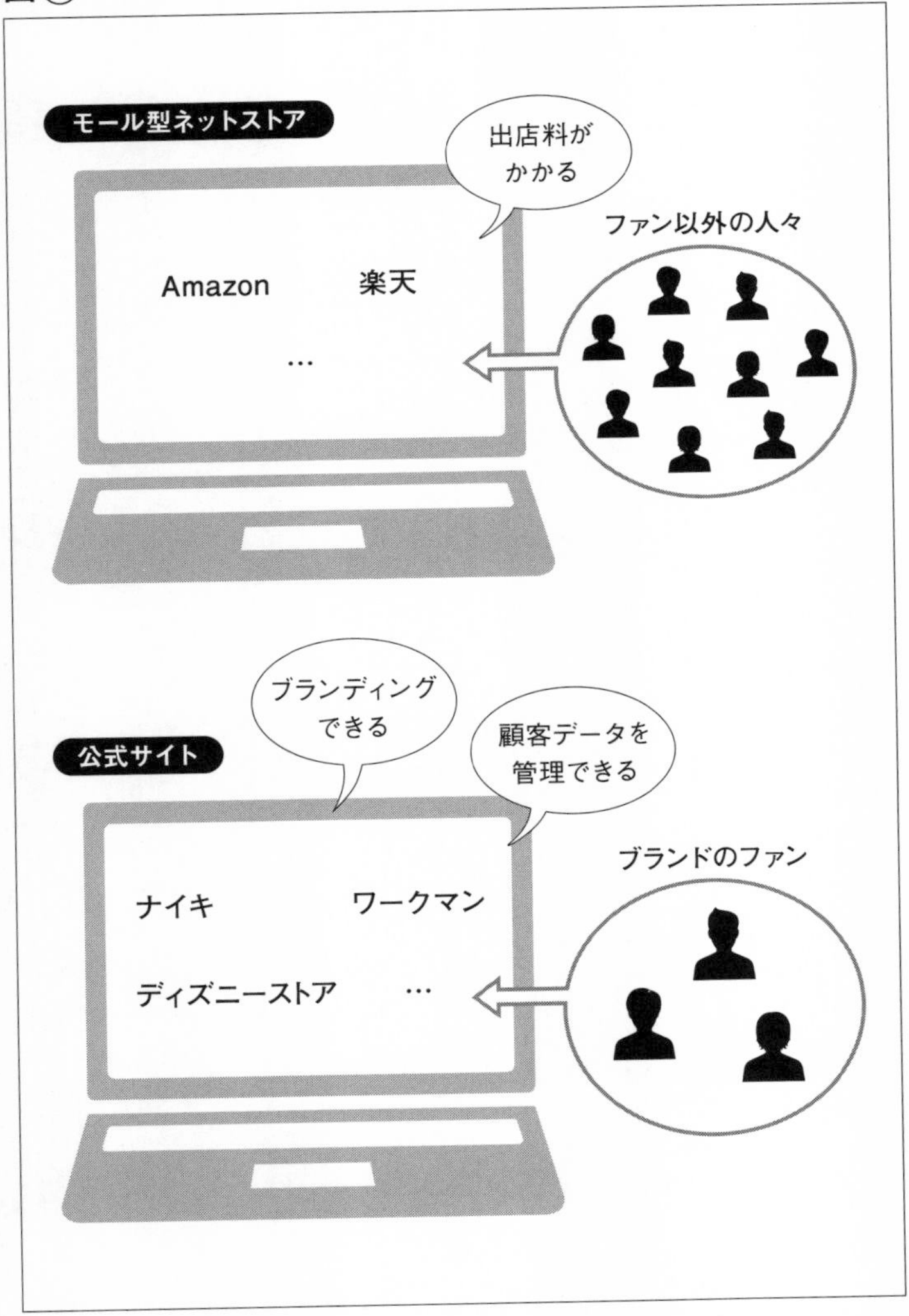

「アマゾン・キラー」と呼ばれるShopify

Shopifyを筆頭とする自由なECサイト構築プラットフォームが誕生したことで、プラットフォーマーとの決別に拍車をかけています。

このことからShopifyは**「アマゾン・キラー」**と呼ばれています。

プラットフォームに売上の20~25%以上抜かれると、商品を作るのに精いっぱいです。ところがこれまでの中間マージン20~25%が5%にまで下がるのであれば、その差額15~20%分を宣伝・広告も含めた自分たちのブランドを育てるために投資することができます。

これは企業にとって大きな魅力です。

Shopifyの躍進を後押しする消費者行動の変化

冒頭で述べたように、新型コロナウイルスの影響で、リアル店舗だけの脆弱《ぜいじゃく》さが露わになってきました。

「置き配」といったネット通販を補完するインフラも整ってきており、利用率も上昇しています。コロナを起点に、ついに消費者が「何が本当に便利なのか」に、とうとう気づいてしまったのです。

飲食では、「Uber Eats」なども含めて、外食せず家で食べるという習慣が根づいてきました。店舗に行かなくても美味しいものが食べられることに消費者が気づいてしまいました。

さらに物販の世界では、リアル店舗で買うよりもECサイトで買った方が、購入時にユーザーのレビューが直接見ることができ、リアルなユーザーの声が把握できます。加えてキャンペーンやポイントなどのサービスも付加され、店舗で購入するより同じ商品が安く手に入ります。気軽に購入ができることから「今まで思っていたよりもECって便利だよね」と印象づける結果となりました。

今後、リアルな店舗はただ商品を販売する場から、より「リッチな体験を提供する場」へと移行するでしょう。

図③》消費行動別に見たデジタル化のイメージ

なぜ、ECサイト構築にShopifyが最強なのか？

Shopifyには、今までになかった画期的な機能があるかといえば、実はそれほどありません。しかし、ほかのECサイト構築プラットフォームに比べて、ありとあらゆる機能がしっかりと実装されているのが特徴です。

【Shopifyの強み】

◎低コストでECサイトの運用が始められる
◎サイトの構築や更新が簡単（操作がシンプルで使いやすい）
◎独立性のあるストアデザインを構築できる
◎アプリが豊富で拡張性が高い
◎SNSと連携対応していて集客に強い

◎「Buy Button」でウェブ上どこでも商品を販売することができる
◎多言語・多通貨にも対応（越境ＥＣ）に対応
◎多様な決済手段に対応
◎読み込みが早い
◎セキュリティ対策が強い
◎注文・取引件数が無制限
◎顧客と密につながることができる
◎提携したパートナーや選ばれたエキスパートのサポートを受けることができる
◎アマゾンや楽天とも連携できる
◎モノ以外の商品を販売できる
◎在庫管理がしやすい
◎大手配送業者と連携している（国内は日本郵便、佐川急便、ヤマト運輸、国外はFedEx、ＵＰＳ、ＤＨＬ）
◎外部ツールとのＡＰＩ（アプリケーション・プログラミング・インターフェース）連携も可能

◎SEO（検索エンジン最適化）対策ができる
◎データ分析が簡単
◎POS機能でオフラインの販売にも対応
◎大量の注文を受け付けても落ちないサーバー
◎有料アプリでも無料トライアル期間があるものが多く、比較検討しやすい
◎ブログ機能がある
◎ドロップシッピングを行うことができる
◎専門知識があればファイルを編集して詳細なサイト構築も可能

いかがでしょうか？

Shopifyにはこれだけの多彩な特長があるのです。グローバルシェアナンバーワンとなる理由がおわかりになるかと思います。

次節以降、特に優れた点を紹介していきましょう。

月額29ドルでサーバー費用ゼロ、自動発送可能な倉庫と連携

ネットショップを運営する上でとても大きな手間とコストになるのが、商品の在庫管理と商品を発送する作業です。日々の業務に追われていると、突然の出荷などに対応しきれない場面もよくあります。

しかし、Shopifyならそんな不安を軽減してくれます。

なんと、現在、商品1点から倉庫および倉庫管理システムで取り扱うサービスが始まっています。当然、これらのサービスはShopifyとアプリで連携することができます。

Shopifyとこれらのサービスが連携することで、ショップオーナーは在庫の管理・発送の手間から解放されます。具体的には、顧客が商品を購入したら、倉庫に直接連絡が飛び、適切な送り状の元に商品が発送されます。

有名なサービスの一つが**「オープンロジ」**（https://service.openlogi.com）です。オープンロジは倉庫と倉庫管理システムが同時にレンタル可能な画期的なシステムです。固定費ゼロ、従量課金制なのは魅力です。また、在庫管理機能のみレンタルするサービスとして、**「ロジレス」「ロジクラ」**があります。彼らと契約をする場合、別途倉庫との契約が必要です。

Shopifyならサーバー管理費ゼロかつ手間がかからない

通常、ECサイトの運営にはサーバー管理費に加えて、手間もかかります。

しかし、Shopifyの場合、その心配は不要です。

Shopifyはサーバー管理のための別途費用も管理も不要であり、複雑なサーバーのオペレーションに自信がない方にも扱うことができるようになっています。

また、Shopifyのサーバーは独自のサーバーで、強度とセキュリティに定評があり、ECサイトと別の場所にサーバーを管理するといった煩わしさがありません。

「BASE」「ストアーズ」など同様のサービスより優れている点

Shopify以外に、同様のECサイト構築プラットフォームに**「BASE」「STORES（以下ストアーズ）」**があります。

BASEもストアーズもサーバー費用は無料なものの、あとからお金が発生するケースがあります。Shopifyは有料プランしかありませんが、ほかのサービスを使うよりも結果的に安価で使用できます。

海外対応、SNS連携や複数のチャネル連携のしやすさはダントツでShopifyです。BASEは売上発生までは無料で使えるため、国内販売や小規模運営、「もしかしたら運営をすぐやめるかもしれない」という様子見の方や、とりあえず初めてだから試してみようという方にはいいかもしれません。

一方、Shopifyは無料プランがありませんが、手数料が安いのが利点です。

手数料が安いのに加えて、Shopify はほかのサービスに比べて決済手段がもっとも多く用意されているうえ、Shopify 独自の Shopify ペイメントなら振込手数料がかかりませんし、「カゴ落ち対策」（ユーザーが商品をカートに入れたまま購入せずに放置してしまうことの防止策）が可能です。海外対応に向いていて、小規模から大規模まであらゆるサイト規模に対応できるのです。

また、Shopify はサイトデザインのテーマ（テンプレート）の数がきわめて豊富です。

Shopify のテーマは一見すると平均価格も高く、無料テーマが多いともいえません。しかし有料の公式テーマは世界レベルのデザイン・マーケティングのプロが競争しており、そのなかで磨かれたものなので、非常にレベルが高いといわれています。しかも、Shopify には公式テーマ以外に、非公式のテーマを含めれば1000種類以上のテーマがあるため、カスタマイズしなくてもほかのショップとデザインが被るということはほとんどありません。

BASEやストアーズでは、自分のサイトにそれぞれのロゴが表示され、非表示にするには別途料金が発生してしまうというデメリットもあります。

図④ » Shopify、BASE、STORESの比較表

	Shopify	BASE	STORES
料金	月額制 29ドル(ベーシック) 79ドル(スタンダード) 299ドル(プレミアム)	基本無料	無料と月額の 2プラン 1058円(月額)
商品数	無制限	無制限	5アイテム(無料プラン) 無制限(月額プラン)
多言語対応	50言語に対応	英語のみ	英語のみ
決済方法	クレジットカードほか 計100種類以上	クレジットカードほか 計5種類	クレジットカードほか 計9種類
公式テーマ(テンプレート)	無料9種類 有料64種類	無料11種類 有料55種類	無料48種類
SNS連携	Instagram/Facebook/Twitter/Pinterest/Tumblr	Instagram/Facebook/Twitter/Ameba	Instagram/WEAR/LINE
ブログ作成	○	○	×
カゴ落ち対策	○ (ユーザーにメールを送れる)	×	×
SEO対策	◎	○	×

「インスタグラム」との連携による集客が簡単で効果大

SNSのフォロワーを増やすことは、ストア認知度を上げることとイコールであり、結局は顧客を増やすことにつながります。SNSで商品写真や使用シーンを多数提供することで、商品を認知させて、ユーザーが十分に納得したうえで購入してもらえる機会が増えます。

インスタグラムの日本の月間アクティブユーザー数は2019年6月段階で3300万人。4人に1人は使っている計算になります。「インスタグラム」のアカウントの85%がアクティブユーザー（ある期間内にサイトに1回以上訪れたユニークユーザーの数）という現状も追い風となります。

インスタグラムとShopifyはネット販売の名コンビ

これまで、インスタグラムは、各投稿に直リンクなどが貼れないなどの理由で、ECサイトには不向きといわれていた時期がありました。

しかし、インスタグラムはいまやECサイトショッピングの花形ともいえるメディアです。インスタグラムを活用するべき理由は3つ。

①インフルエンサーほか投稿者からの影響で商品を購入してもらえる

②利用シーンや活用アイデアなど「モノ」ではなく「コト」に特化した訴求ができる

③広告費の削減

インスタグラムの投稿は口コミ効果も得られ、低コストで自社ブランドの認知を高められます。

画期的な機能として**「ShopNow」**というショッピング機能があります。

インスタグラムに掲載された商品の写真をタップすれば、自社サイトの商品詳細ページに移動し、商品購入までをシームレスに誘導できる機能です。

これまでは、プロフィール欄にしか表示できなかった商品リンクが、各投稿にダイレクトに貼れるようになったのです。これらの機能の充実により、もはや、SNSの中でもインスタグラムは、Shopifyとの連携を考えれば必需品と呼べるでしょう。

ブランディングのためだけのアカウントだったインスタグラムが、購入までの動線ができたことでこれまでにない効果が生まれています。

図⑤》インスタグラムからシームレスに購入まで誘導できる

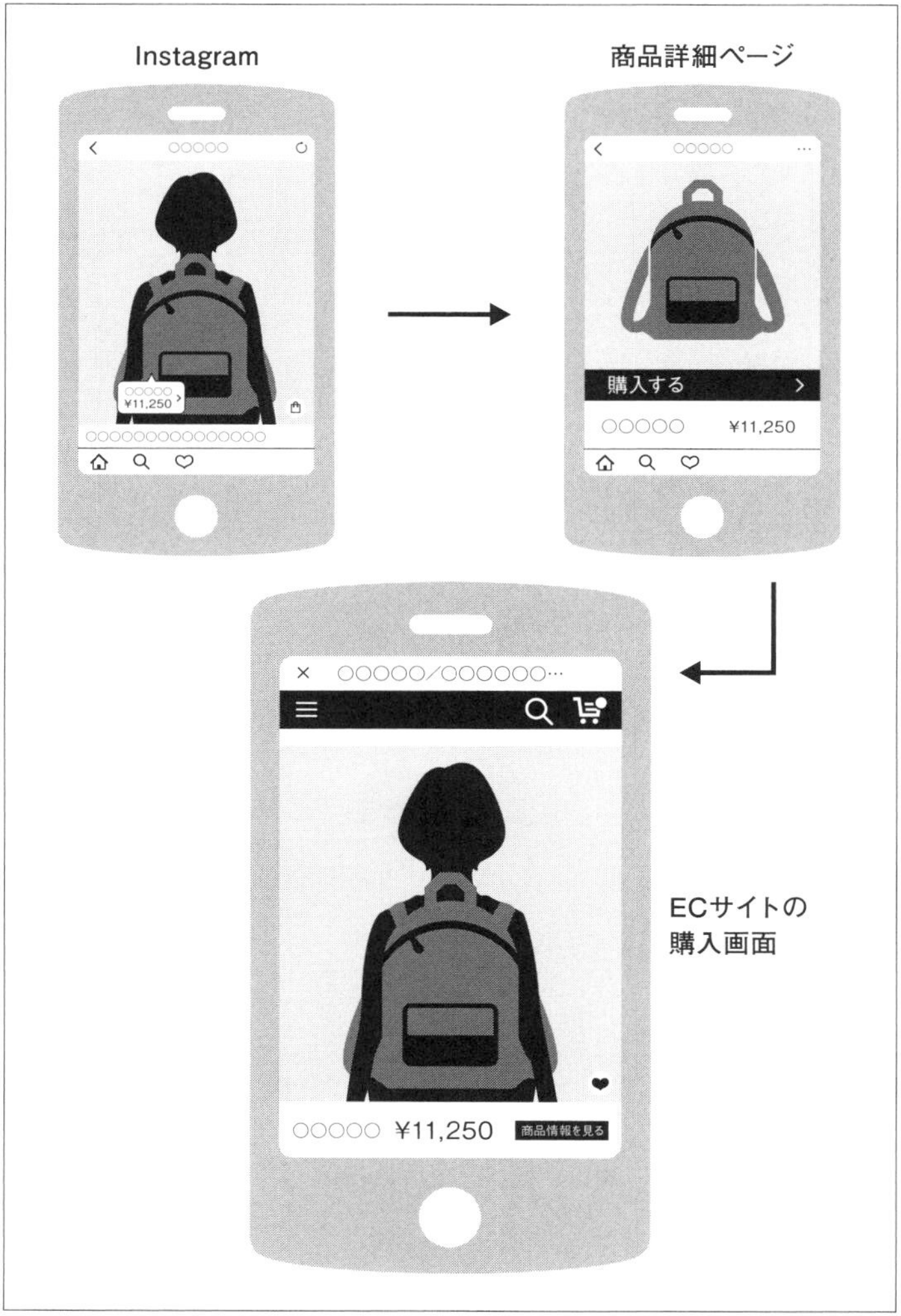

「今どきのストア」「それっぽいストア」が簡単に作れる

いわゆる通販サイトというと日本では楽天を思い浮かべる方も多いかもしれません。楽天のサイトデザインは、えんじ色の風合いのテーマカラーを含めて、良くも悪くも楽天の個性を表現したものです。

商品の世界観やこだわりをきちんと消費者に伝えたいと思うなら、サイトのデザインはとても重要です。しかし、立派なサイトデザインを作るのは簡単ではありませんし、プロに依頼するとなると高い制作費用もかかります。

一方、Shopifyなら、デザインが洗練されているのはもちろん、機能面にも優れた、使いやすいサイトを簡単に作ることができます。Shopify公式はもちろん、世界中のデザインのプロが作ったサイトのフォーマットが豊富に用意されており、写真と文字を変えるだけで公開することができます。

図⑥》Shopifyなら海外ウケのよいデザインが満載

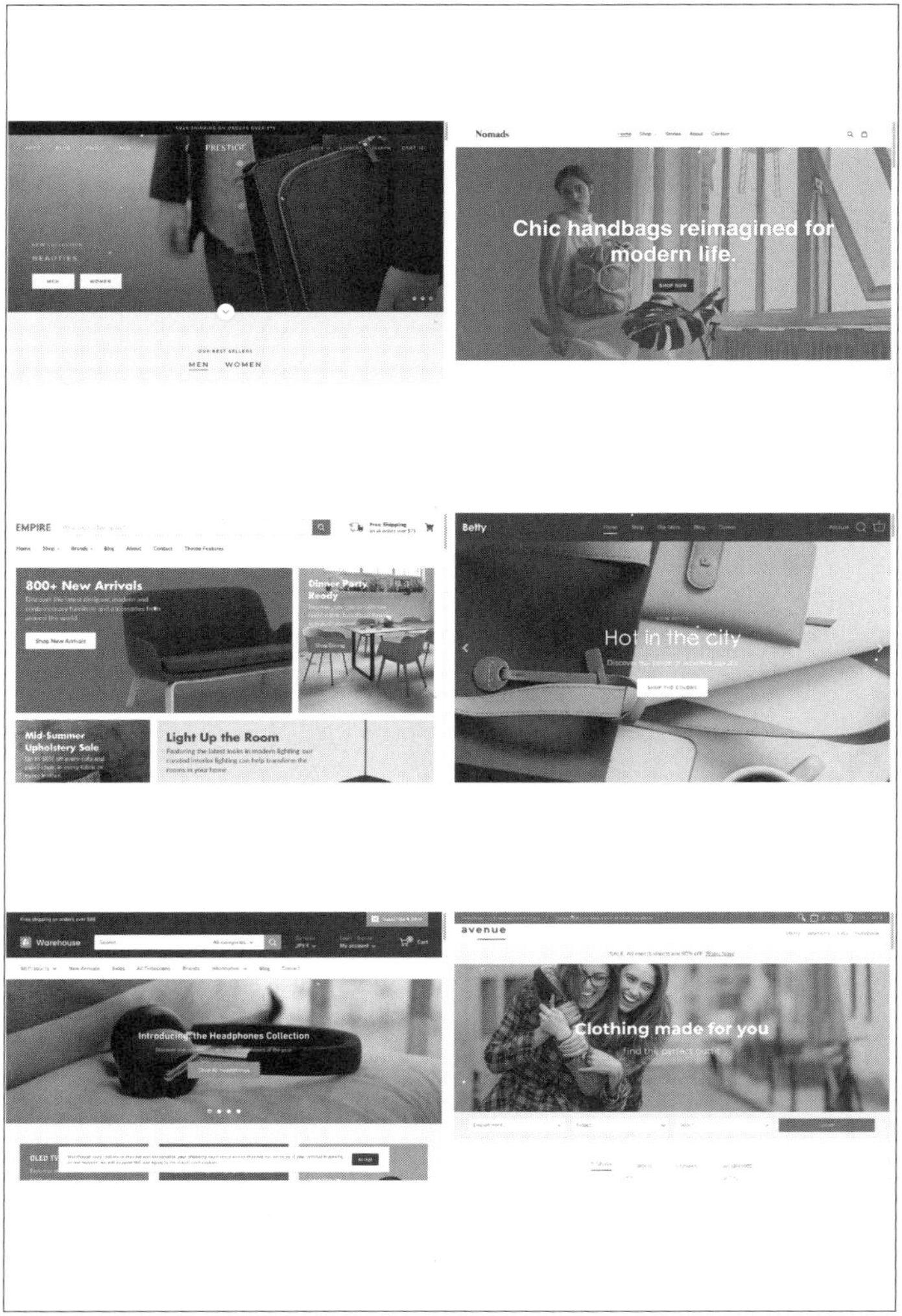

サイトを構成する各パーツを追加したり、パーツの配置を自由にいじって、オリジナル感を加えることもできます。

「フォーマット」をベースに自分の好みを生かして作ることで、お金と手間を抑えながら、オリジナル感を出すことも可能です。

Shopify はもともと海外発。世界中で使われているシステムのため、デザインテーマも世界中のクリエイターによって作られていることから、世界で通用するシンプルで高品質なデザインが揃っています。

日本国内向け（母国語）のＥＣサイトと同様に、外国語のサイトを設けて、多言語・多通貨での対応を行い、日本から商品を海外に発送する形態を**越境EC**と呼びます。運営企業としては、世界各国に直接出店するリスクやコストの軽減につながり、かつ商圏は広くなるため、初期投資額を抑えながら世界進出を狙《ねら》える注目の手法です。

この越境ＥＣを始める場合、日本人だけで日本の価値観に頼ったサイトを作っても、海外でウケないケースがあります。

Shopify のテーマを利用すれば、そもそも世界で人気のテーマや世界の優秀なクリエイターが作ったテーマを使用できるため、標準装備で世界基準となります。

デザインや機能のカスタマイズが無制限

Shopifyはデザインもサイトの機能も、カスタマイズがいくらでもできるところがほかのサービスとの大きな違いです。

デザインテンプレートは、Shopify公式のストアで販売されているテーマ（無料で使えるものもあります）に加え、有名なテーマ専門販売サイトでの取り扱いもあり、すべて合わせると1000点を超えます。1000点以上あるテンプレートから選び、カスタマイズを加えれば、それはもはやオリジナルのサイトといってもいいでしょう。

最低限の機能から始めてアプリを追加していく発想

Sohpifyでは、もともとテーマが最低限の機能のみ（それでも十分ですが）で作られており、**「アプリ」**といった追加機能を後からつけることで、さまざまな機能を増やすことができます。

公式はもちろん、世界中のプロが作ったアプリが豊富にあるため、**「欲しい機能がない」ということがまずありません。**

公式アプリの形で機能をレンタルすることも可能ですし、世の中にまだ存在しない機能を持ちたいときや、自社の独自ポイントと紐付けたいなど、固有の機能が必要な場合、独自アプリを開発し、ストアをカスタマイズすることも可能です。

なお、アプリの追加・削除は任意のタイミングで可能です。まずはシンプルにスタートして、後で機能追加やカスタマイズをすることでオリジナルのサイトに育てていきましょう。

楽天市場との連携が盤石

インスタグラム、フェイスブック、メッセンジャー、ブログなどとの連携はもちろん、複数チャネル（アマゾン・楽天ほか）の在庫・注文状況・顧客データがすべてShopifyで一元管理できます。

２０２０年4月からはShopifyと楽天市場がShopify内における販売チャネル連携を開始しました。

お客様が「楽天市場」内のショップで購入した注文情報がShopifyと同期され、Shopify内で在庫・発送管理ができます。

日本国内で1億以上の会員基盤を持つ楽天が運営する「楽天市場」と連携した形でストアを持つことで、効率的にモール型ＥＣサイトと自社サイトの強みを両立できるようになります。販売チャネルが多岐にわたっていると、多数の販売チャネルを横断した管理がとても難しかったのですが、今回の連携でその悩みが解決されるのです。

さらに「楽天市場」で販売した注文データもShopifyに取り込まれるので、ひとつのダッシュボードから売上確認をすることができ、どの商品がどちらのショップで人気なのかというデータも簡単に取得することができます。ＰＯＳ連動も可能なShopifyは、オンラインだけでなくオフラインで売ることにも強いのも魅力です。

図⑦ » あらゆる機能を外部に備えるShopify

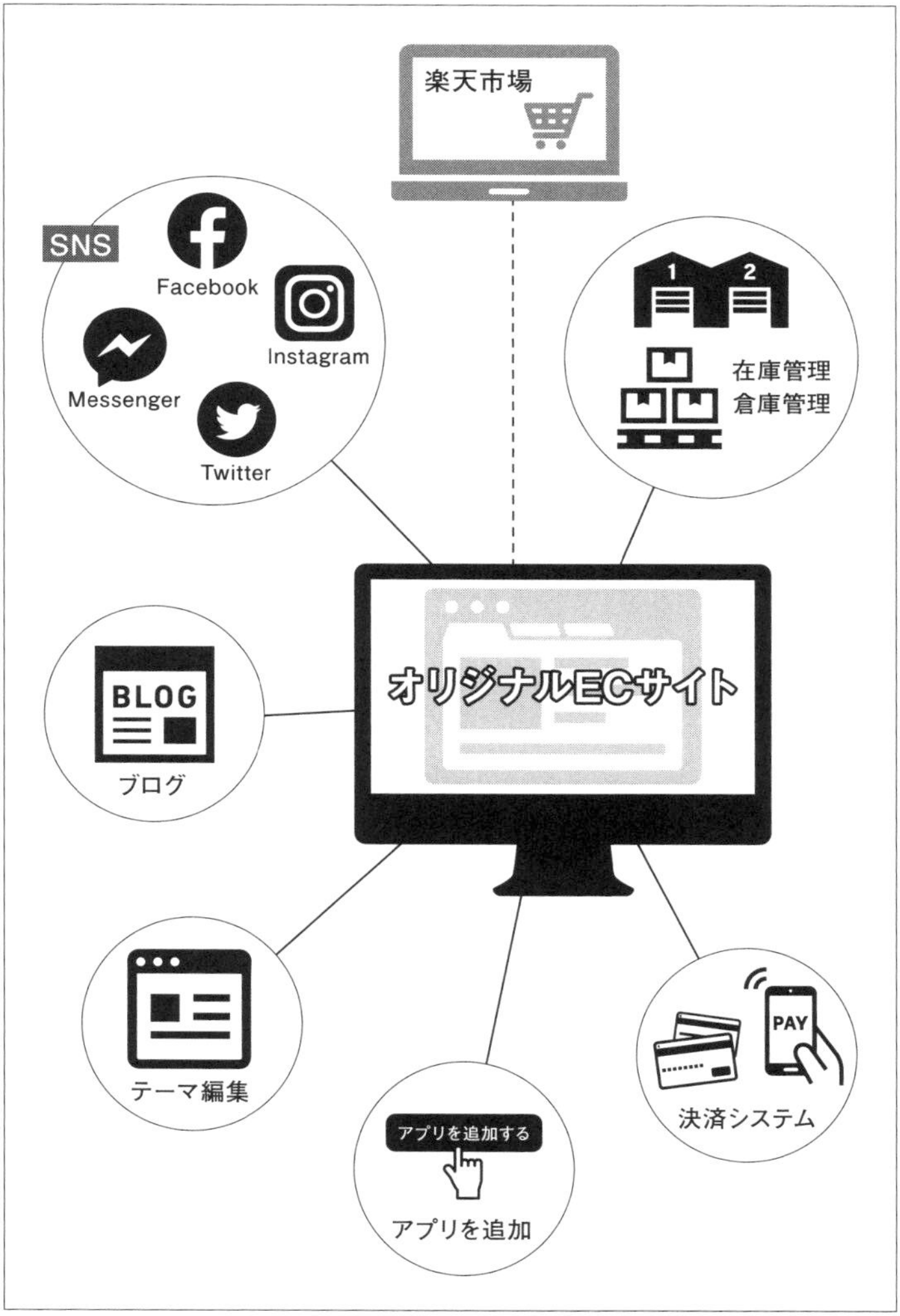

越境ECのための仕掛けがまるごと揃っている

以前までは、海外を視野に入れた越境ＥＣサイトを立ち上げるには、通常の国内向けサイトより別に多くの開発費用がかかっていました。理由は、国内向けより対応しなければならないことが多すぎるからです。

英語はもちろん、アジアもターゲットにしたサイトならば中国語や韓国語、タイ語、ベトナム語など多数の言語を瞬時に切り替えられるよう仕様が求められます。

また、通貨の問題もあります。なぜなら日々レートが変わるものだからです。さまざまな通貨で価格を表示し、かつリアルタイムで正しいレートによる換算をしなければなりません。

決済方法も日本では、通販の決済といえばクレジットカードに代引き、後払い、コンビニ決済、銀行振込、キャリア決済、デビットカードやプリペイドと多岐にわたり、煩雑化しています。それが海外対応するとなるとどうでしょうか。まず、海外にコンビニ決済があるのか？　銀行振込があるのか？　海外の人の決済の定番は何なのか？　国ごとに違うのか？　考えただけで気が遠くなりそうです。

配送も同様です。日本の配送技術は素晴らしく、なんといっても丁寧正確。きちんと相手に商品が届きます。もちろん遅延や破損紛失など基本的にはありえません。

一方、海外はどうでしょうか。荷物が途中でなくなった、どの業者がなくしたか追跡できない、配送に何日もかかる、遅れる、商品が壊れて顧客に届いた……。

海外ではどれも珍しくありません。

もともと世界標準で使用されていた強み

このように、考えるだけで気が遠くなる海外対応も、Shopify ならすっきりと解決できます。

Shopify はカナダで始まったサービスです。日本ではここ数年でやっと有名になってきましたが、世界では通販サイトを作るといったら、まっさきに選択肢に挙がるくらいメジャーで定番のサービスです。世界で使われているということは、そもそも、世界基準で対応できるということです。

これまで触れてきた通り、Shopifyにはアプリという拡張機能が豊富にあり、**多言語対応も、多通貨対応も、対応アプリを入れるだけで簡単に導入できます。各種決済への対応も簡単です。**

何かと不安の多い海外配送も、専用のアプリによって、簡単に対応できます。荷物の配送状況がきちんと把握でき、海外用の宛名印刷なども容易に作成できます。

そもそもECサイト構築には予算がいくら必要か？

ネットストアを構築する方法は、①業者に依頼、②自分で作るの2通りあります。

①業者に依頼する場合

ストアオープンまでのスピードアップ・クオリティアップにより事業に集中できるメリットがあります。Shopifyもアプリや複雑な仕組みを導入したいときなど、専門家の知見があった方が解決が早いです。

Shopifyには「Expertsマーケットプレイス」という専門家と相談ができる仕組みがあります。マーケティングやストア設定、コンテンツ制作までストア構築に関するあらゆる相談を制作業者と行えます。

Shopifyの外注での制作価格は、他のレンタルカートと同じく、ゼロからシステム制作を依頼するケースより安い傾向があります。

構築費の参考価格としては、Shopifyストアの制作一式を業者に依頼する場合、小規模サイトの場合が20~100万円、中規模サイトで100~500万円、大規模サイトで500~2000万円といわれています（2020年現在）。発注を検討される場合、第6章の「どんな制作会社に依頼すればいい？」（182ページ）もご一読ください。

②自分で作る場合

一番のメリットは運営をされる中心の方が「Shopifyの全体像を知ること」ができる点です。Shopifyの基本的な仕組みは非常に簡単ですので、業者への依頼を検討中の方も、ぜひ一度ご自身で作っていただきたいです。

Shopifyは初期費用がかからないので、ご自身でストアを作られる場合は構築費は当然ゼロ円ですが、月額料金は別途かかります（左のプラン表参照）。

図⑧》Shopifyの各プランの違い

プランの特徴	ベーシック 小規模な事業者や個人ストア向け	スタンダード 中規模な事業者や売上が増えてきたストア向け	プレミアム 大規模なチームの事業者向け
月額料金	米ドル **$29**／月	米ドル **$79**／月	米ドル **$299**／月
管理画面とShopify POSへのアクセス権があるスタッフアカウント数	2	5	15
プロフェッショナルレポート	×	○	○
カスタムレポートビルダ	×	×	○
外部サービスの計算済み配送料	×	×	○
日本のオンラインクレジットカード手数料	3.4% + 0円	3.3% + 0円	3.25% + 0円
海外/AMEXのオンラインクレジットカード手数料	3.9% + 0円	3.85% + 0円	3.8% + 0円
JCBのオンラインクレジットカード手数料	4.15% + 0円	4.1% + 0円	4.05% + 0円
Shopifyペイメントを有効にせず他の決済サービスを使用する場合の追加料金	2.00%	1.00%	0.50%
手動で為替レートを設定（固定の為替レートを使って、海外購入者向けの価格設定を管理しましょう）	×	○	○
複数の言語で販売	×	最大2	最大5
海外ドメイン	×	○	○

第2章

Shopifyだからこそ できること

これまでご紹介してきた内容を知ることで
Shopifyが世界中の企業・ビジネスで
支持される理由がおわかりかと思います。
本章ではさらに「Shopifyならでは」の
ビジネスへの活用方法をさらに深堀りしてみましょう。

多様な機能から自社に役立つ最適解を探り当てる

第1章で、ＥＣビジネスの将来と、この先、ＥＣビジネスにはなくてはならないシステムであるShopifyの概観についてご紹介してきました。

ここからはさらに一歩踏み込んで、Shopifyの具体的な機能を確認しながら、みなさんのビジネスにどう生かしていったらいいのかをご案内します。商品登録や在庫管理、課金や発送などのロジスティクス、顧客の心をつかむマーケティングやアフターフォローまで、Shopifyには使い切れないほどの機能が実装可能です。

第2章では、みなさんにできるだけ多くの機能をお知らせしたいと考えています。在庫管理に悩む企業、集客に頭を痛める企業、課金システムでお困りの企業……Shopifyが役に立つシーンは豊富です。ぜひ、この章でそのきっかけをつかみとってください。

スタート時点では余計な機能や邪魔なデザインがついてこない

多機能だと言いましたが、スタート時点では過剰なサービスが付随していないのも、Shopifyのいいところです。なぜなら、スタート段階から過剰なサービスが用意されていると、機能に振り回されたり、ウェブサイトの構築が難しく見えてしまうからです。

「楽天」や「アマゾン」に出店するメリットとデメリット

楽天やアマゾンなどのモールへの出店は「看板」と「信用」を借りられます。楽天によるサポートもあるので、安心だし、運用なども簡単な印象があります。

しかし、デメリットもあります。「看板」を借りることはできますが、その看板を立てた建物は信頼と集客に強い楽天やアマゾンなどのモールということになります。

ここでいう建物とは、仕組み、箱、プラットフォームのことです。楽天の仕組みに乗るということは、楽天のセールに参加できたり、「楽天に入っているなら」と信頼してもらえるわけです。

ところが、良くも悪くも、「楽天に入っているお店」としてお客様の目には映ることになります。商品やブランドの世界観を伝えたくても、あの楽天の印象はどうしても残ってしまいます。

便利な機能もあらかじめついてくる代わりに、使わない機能や過度に派手な装飾もついてきてしまいます。

Shopifyなら「テンプレートそのまま感」は心配無用

既存のプラットフォームに乗った場合、「〇〇で作っちゃいました感」が出てしまいます。たとえばBASEでサイトを作った場合、サイトの端にBASEのロゴが表示されてしまい、「BASEで作った感」が出てしまいます（非表示にするには追加コストが必要です）。

これではブランドのオフィシャル感が半減してしまいます。

サービス会社のロゴが表示されているのは、他人《ひと》まかせ、お手軽なイメージがつきまとい、本気でやっている姿勢を打ち出しにくくなります。

一方、Shopifyで、たとえテンプレートとなるテーマを使ったとしても、「テンプレ感」を感じさせません。

「デザインテンプレートを使用すると、『あ、これShopifyのあのテーマだ』ってわかってしまうのでは？」

そう思った方。心配はおそらく無用です。

Shopifyのデザインテンプレートは公式・テーマサイト合わせて1000以上あり、そう簡単にはページデザインの元となるテンプレートを見抜くことはできません。

既存のデザインテンプレートでも、テキストや写真が違うだけで、かなり印象は違いますし、要素の位置なども簡単に変えられるので、「テンプレートそのまま感」はすぐになくすことができます。

テンプレートをベースに、もう少しカスタマイズしてよりオリジナル感を出すことも簡単です。

小さく作り、後から機能をその都度追加する拡張性が売り

Shopifyでサイトを作るのなら、スタートの時点では機能は最小限でよいのです。**必要な機能は「アプリ」と呼ばれる拡張機能で追加していきます。なんとその数は3000以上。Shopify公式、Shopify公認のアプリ専門家、世界中のプロが作ったアプリが揃《そろ》っています。**

初期段階で機能が少ないから、サイト運営がきちんとできるのか不安になる必要はありません。3000もの豊富なアプリから、必要な機能を選べばよいだけです。

注意すべきは、便利そうだからといって、使うかどうかわからないアプリまで入れすぎないこと。アプリの入れすぎは、管理しきれないだけでなく、サイト自体が重くなるなどの悪影響もあります。

楽天連携やメルマガ機能など日々追加機能がリリースされている

2020年4月から、楽天との連携がスタートしました。「Shopify」の管理画面を経由して、楽天の運営するインターネット・ショッピングモール「楽天市場」での店舗運営が可能となったのです。

同年5月からは、「Shopify メール」の日本語対応版の無償提供がスタートしました。すでに4月中旬より北米を中心に提供されたShopify メール機能は、マーケティングツールとしてShopify の管理画面上から顧客に対しメールマガジンやニュースレターを配信することを可能とし、より多くの潜在顧客にネットショップでの消費を促すことができます。

SEOやサイトの構造化に強い

ＳＥＯ（検索エンジン最適化）とは「Search Engine Optimization」の略語で、検索エンジンを最適化することを意味し、自然な検索からの流入数や、成果を伴うコンバージョン数を増やすためにする対策のことです。ＳＥＯ対策を行う最大の目的は、コンバージョンを獲得し、売上向上につなげることです。

コストをかけずに行うことのできる施策ではありますが、ＳＥＯ対策としてできることは多岐にわたり、実際に検索順位も、コンテンツ内容の質の高さや、キーワードの関連性の高さ、サイトそのもののコンテンツ数の充実度など、さまざまな要因に左右されるため、中長期で取り組む必要があります。

たとえば、Shopify におけるＳＥＯとは、代表的なものでいえば、次のような対象への施策があります（第６章の２１２~２１５ページも参照）。

◎**タイトルタグ**
◎**メタディスクリプション**
◎**ページのＵＲＬ**
◎**画像**
◎**sitemap.xml ファイル**
◎**robots.txt ファイル**

これからの Shopify 運用でまず行うべきＳＥＯ施策は次の２つです。

①タイトルタグ　簡単にＳＥＯへの対策を行うことができ、かつ順位向上にも直接影響を与えます。

②メタディスクリプション　類似したタイトルが並ぶ検索結果から、ユーザーが自身の検索意図と合致しているか確かめ、クリックするサイトを決定する要因のひとつです。

構造化データの設置が効果的

Shopifyネットショップの SEO対策に効果的な施策として、**「構造化データ」の設置**があります。構造化データとは、ウェブサイト上のさまざまな情報を検索エンジンに伝える技術のことです。

ECサイトの商品ページには「商品名」「価格」「商品画像」といった、さまざまな情報がありますが、検索エンジンのクローラーは、私たち人間と同じようにそれが「商品名」「価格」であることが判断できません。そこで、**構造化データの技術を利用して、検索エンジンがそのサイトの情報を認識できるようにするのです。**

ユーザーが検索結果を見た際、商品写真などの情報が載っていることは視覚的に目を引くポイントになります。Shopifyの場合、SEO機能がすでに組み込まれていますが、構造化データについては個々で対応する必要があります。

クリック率を向上させるためにも、構造化データの設置をおすすめします。

図⑨ » 構造化データの設置とおすすめアプリ

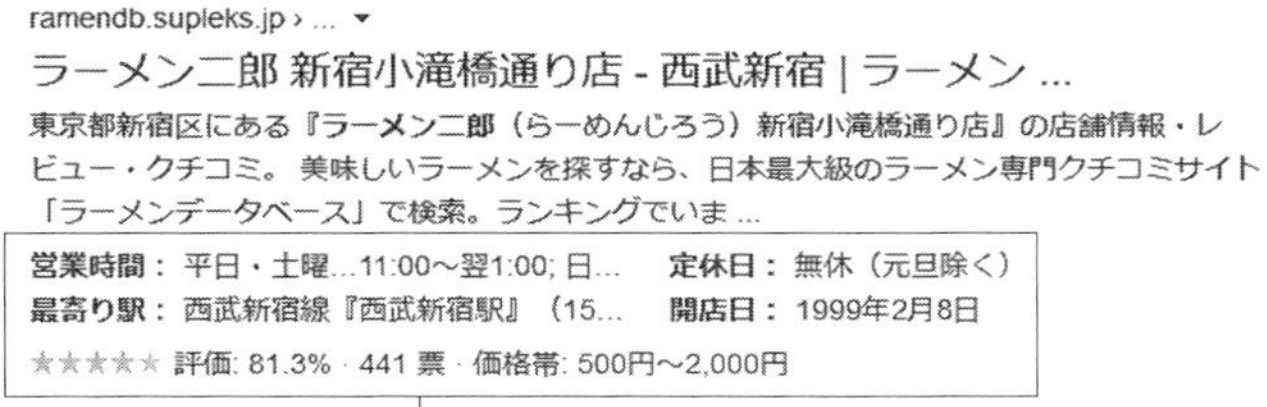
ramendb.supleks.jp › ...
ラーメン二郎 新宿小滝橋通り店 - 西武新宿 | ラーメン ...
東京都新宿区にある『ラーメン二郎（らーめんじろう）新宿小滝橋通り店』の店舗情報・レビュー・クチコミ。美味しいラーメンを探すなら、日本最大級のラーメン専門クチコミサイト「ラーメンデータベース」で検索。ランキングでいま ...
営業時間： 平日・土曜...11:00〜翌1:00; 日...
定休日： 無休（元旦除く）
最寄り駅： 西武新宿線『西武新宿駅』（15...
開店日： 1999年2月8日
評価: 81.3% · 441 票 · 価格帯: 500円〜2,000円

構造化データを設置した場合の
結果表示の例

SEOに便利なおすすめアプリ

SEO Manager
ストア内のエラー、リダイレクトチェック、
タイトルタグの一括編集などができる
SEO対策を幅広くカバーするアプリ
（2020年現在英語版のみ）

Plug in SEO
SEO上の問題点を見つけて
解決策を提示するアプリ

管理画面がシンプルでわかりやすい

以前は管理画面に英語表記のページがあり、使いにくい部分もありましたが、現在では日本語の管理画面が導入され、ショップの作成、管理、運用といった日常業務は日本語で問題なく行えます。

追加でインストールできるアプリについては英語で解説されているものもありますが、直感的に操作できるものがほとんどなので安心です。

日本発のアプリも増えてきており、どんどん使いやすい環境になってきています。

管理画面もシンプルな構成となっており、直感的に操作ができます。モバイル用のアプリもあり、アクセス状況や注文状況、在庫もスマホなどから簡単にチェックできます。

図⑩ » 管理画面がシンプルで体感的

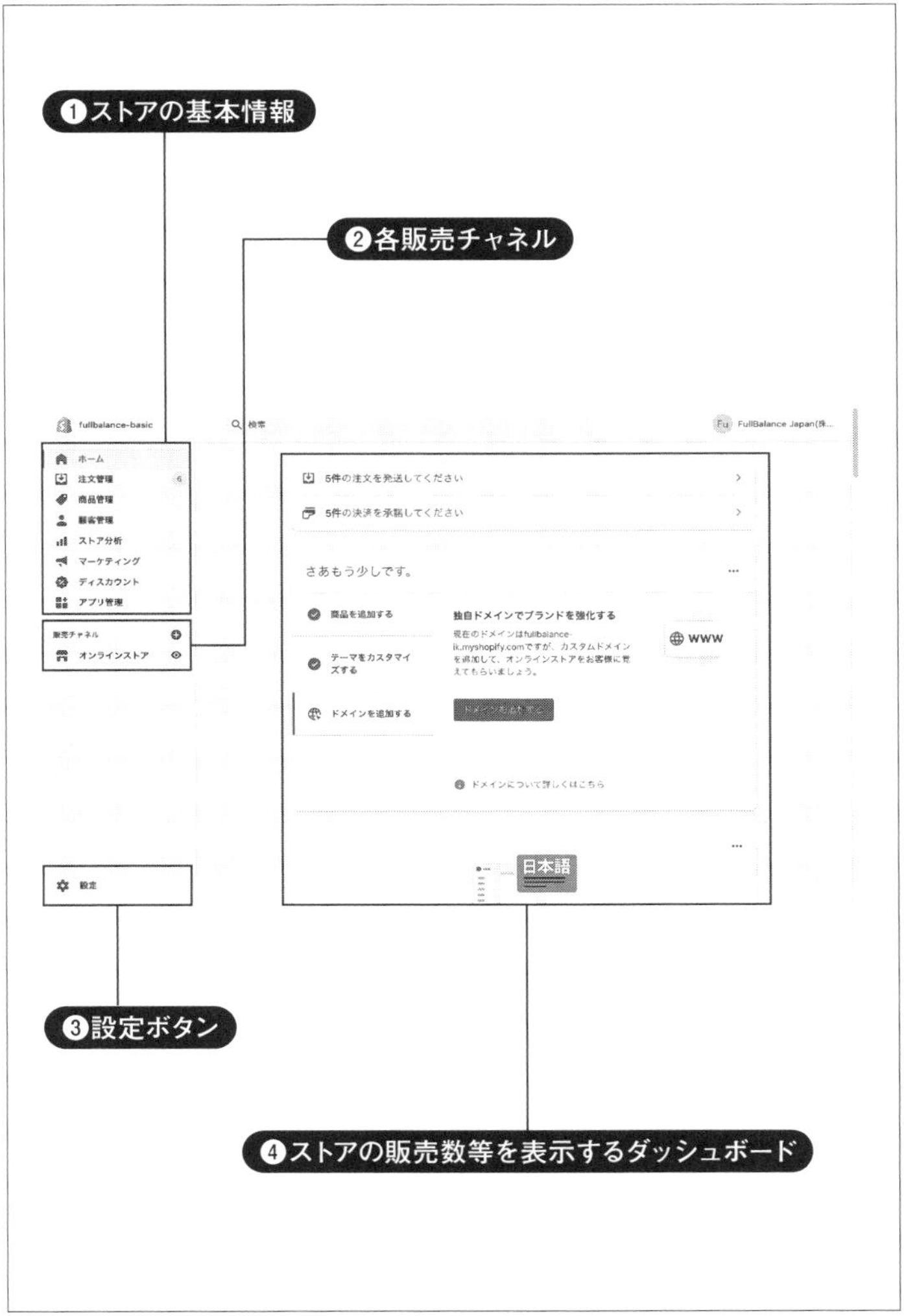

Shopifyに商品をアップすると同時に楽天市場にもアップされる

何度か本書でも触れてきましたが、楽天とShopifyの連携は、「楽天市場」の店舗運営に必要な商品登録・在庫管理・受注管理を「Shopify」の管理画面で行える「楽天販売チャネルアプリ」が専用アプリストアで提供されています。

これにより、Shopifyを利用してECサイトを運営している店舗は「楽天市場」を新たな販売チャネルに加えることで、販路を拡大することができるようになります。

さらに楽天市場販売チャネルアプリでは、Shopifyで登録した商品を楽天にコピーできます。登録した商品は、楽天での受注をShopifyで管理できるようになります。楽天の管理画面にアクセスせずとも、商品の登録と受注管理がShopify内で行えるようになるというアプリです。

楽天に出店しているストアにはなくてはならない機能でしょう。

図⑪》Shopifyと楽天の連携

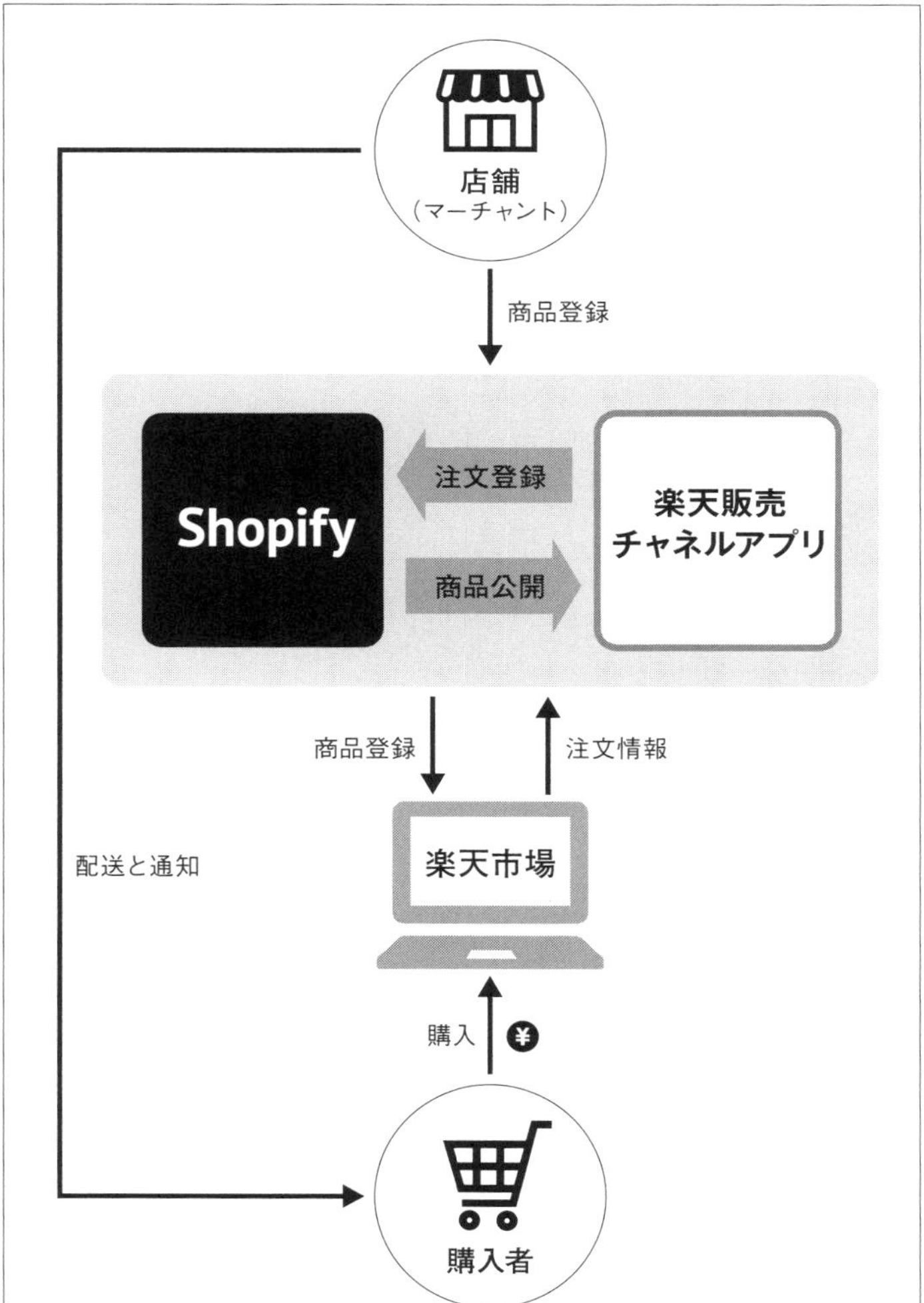

Tシャツのデザインだけ用意したらあとは配送もすべておまかせ

今や、憧《あこが》れのTシャツショップがインターネットに誰もが簡単にオープンできる時代です。

ネットショップ運営者の在庫リスクを解消するために生まれた**オンデマンド印刷サービス「Canvath《キャンバス》」**（GMOペパボ運営）との連携により、デザインや絵のデータさえあればオリジナルデザインのTシャツ、スマホケース、トートバッグなどを作成することができるようになりました。

Canvath上でのアイテム作成、発注手続きはすべてShopifyの管理画面で行うことが可能です。また、Canvathで作成した商品を1クリックでShopifyに出品し、Shopifyプラットフォームが持つツールを使って世界に発信することもできます。

図⑫ » デザインを用意するだけでTシャツを販売できるCanvath

Printfulなどとの連携でスモールビジネスが始められる

これからスモールビジネスを始めたいと考えている人、副業でショップを始めたい人には**「ドロップシッピング」と「オンデマンド印刷」を駆使したサービス「Printful」**は強い味方です。

「Printful」を利用すれば、たとえばあなたのオリジナルデザインTシャツを世界のマーケットに届けることができます。

オリジナルTシャツ以外にもプリント可能な商品が多数あります。Printfulでプリント可能な商品はTシャツなどのアパレル商品、マグカップ、スマホケース、ポスター、ビーズチェアなど210種類以上に及びます。

オンデマンド印刷は、サプライヤーが提供するホワイトレーベルの物品（キャップやトートバッグなど）にデザインを施し、あなたのブランドとして事前オーダー制で販売する一連のプロセスのことです。

実際に商品が売れるまであなたは仕入れ費用を払う必要がなく、大量に物資を仕入れたり在庫を抱えたりすることもありません。

また、オンデマンドプリントでは、受注後のプリントや発送まですべてサプライヤーに任せることができます。そのため、必要な設定さえ済んでいれば、注文を受けた後は数回のクリックをするだけで受注処理が完了します。

オンデマンド印刷のメリットとデメリット

オンデマンド印刷のメリットとしては次の3点が挙げられます。

①商品が簡単に作れること

ひとたびデザインができあがれば、それを商品化して販売するまで数分です。

②発送をお任せできること

受注処理と出荷業務は、あなたではなくサプライヤーの仕事となります。販売後、あなたはカスタマーサービスのみに責任を負います。

③少額資金で始められてローリスクであること

物理的な在庫を抱える必要がないので、製品の増減、アイディアのテスト、アプローチのピボット、副業でのスモールスタートなどが容易です。

一方のデメリットとしては、次の3点です。

①マージンが低いこと

通常、まとめて原資を購入するよりもアイテム単価は高くなります。オンデマンドの商材は利益が低くなりがちで、店頭での販売価格や顧客獲得費用に左右されることになります。

②配送管理が難しいこと

商材によって価格が異なってくるため、配送費用が複雑になりがちです。また、お客様が箱を開けるときの体験を特別なものにしたいとあなたが思っても、できることは限られます。

③カスタマイズに制限があること

商品のカスタマイズは、提供会社や商品によって異なります。どの製品をカスタマイズするかを決める際には、基本コストやカスタマイズオプション、プリント技術やサイズバリエーションなどを考慮することになります。

ドロップシッピングを使って在庫ゼロで商売できる

欧米で大注目のドロップシッピング「Oberlo」も注目株のサービスです。ここでは、そのメリットや初心者が気をつけるべきことをご紹介しましょう。

ドロップシッピング（Drop Shipping）とは、直送のことで、ネットショップの販売方法として有名な手段です。在庫を抱える必要もなく、注文が入ってからドロップシッピングサイトが商品を仕入れるので、リスクが少なく済みます。

ECサイトを自分で持っていても、商品そのものは手元には持ちません。注文以降の、梱包《こんぽう》や配送はすべてドロップシッピングサイトが代行してくれ、直接購入者に商品を届けてくれる仕組みです。

手間とコスト、リスクを抑えてネットショップができるため、人気を集めています。

ところが、これまでの仲介サイトを活用したドロップシッピングで稼ぐ方法は完全になくなりつつあります。

今後は以下の2つのやり方であれば、ドロップシッピング形式でネットショップを運営することが可能です。

①仕入れサイトを活用したドロップシッピング
②Shopify を使った海外向けドロップシッピング

「Oberlo」なら、主に中国EC業界最大手のアリババが手掛ける「AliExpress」の商品を無在庫販売できます。AliExpress から商品を選んで Shopify に追加できます。Shopify と連携できるので追加も簡単です。
Oberlo の料金プランは3種類。無料プランでも大部分の機能は使えますが、よりたくさんのアイテムを販売するためには上位プランの契約が必要になります。

世界中の企業から支持される Shopify ペイメントという決済システム

オンラインでの決済では、ECサイト運営者が売上金額の数パーセントを手数料として決済サービス会社に支払わなければならないことが一般的です。Shopify でもかつてはクレジットカード決済を行うために外部決済サービスの導入が必要でした。ユーザーとの金銭のやりとりである決済を外部サービスに頼ると、Shopify アカウントとは別に登録しなければならず、支払いの確認ひとつとっても非常に手間がかかります。

しかし、Shopify ペイメントの導入により、Shopify のアカウント上で決済サービスを管理できるようになりました。

この Shopify ペイメントの機能は、Shopify が世界中の企業から絶大な信頼を寄せられている理由の一つです。

図⑬ » Shopifyで使用できる決済サービス

Shopifyペイメントで扱える決済サービス

Visa / Master card / AMEX / Shop Pay / Apple pay / Google pay

Shopifyペイメント以外の決済サービス

決済サービス	特徴
PayPal（ペイパル）	◎対応通貨が22通貨 ◎初期状態からPayPal Express Checkoutが使える ◎海外のお客様の使用率が高いので越境ECに強い
Amazon Pay	◎Amazonアカウントを持っているユーザーにリーチできる ◎Shopifyなら月額料金や初期費用が無料
KOMOJU	◎主要なコンビニでの決済が可能 ◎Pay-easyやデジタルマネー決済にも使える
携帯キャリア決済（NTT DOCOMO、au、Softbank）	◎クレジットカードを持っていないユーザーにもリーチが可能 ◎支払いは携帯電話料金と一緒に請求するため支払い代金の未回収リスクがない
Paidy翌月払い（コンビニ/銀行）	◎クレジットカードを持っていないユーザーにもリーチが可能 ◎売上金の入金100％をPaidyが保証
GMOイプシロン	◎クレジットカードを持っていないユーザーにもリーチが可能
SBペイメントサービス	◎Shopify初となる楽天ペイのオンライン決済との連携が可能
2Checkout	◎対応通貨が日本円を含む87通貨
CyberSource	◎対応通貨が日本円を含む87通貨

Shopifyペイメントを利用するメリットは、以下の3点です。

①取引手数料ゼロ
②決済手数料が国内最安水準
③Apple PayやGoogle Payが使える

Shopifyペイメントの決済画面でアイコンにチェックを入れるだけで起動できます。


いかがでしたか。

駆け足ですが、Shopifyの優れた利便性について、ご紹介してきました。このほかにも多様なサービスが存在しますし、これからも増えていくでしょう。

Shopifyについての最新情報は、Shopifyのブログなどをウォッチするだけでも、かなりのヒントが得られます。また、使い方の基本などについては、私が運営する**「Shopifyレシピ」(https://ec-recipe.com)**ほかをご参考にしていただければ幸いです。

第3章

Shopify活用事例（ロングインタビュー編）

Shopifyは今話題の「D2C」にもきわめてフィットした
プラットフォームです。商品のブランディングに成功している
代表的な国内事例として、独創的なデザインで人気を集める
スニーカーブランド「grounds」、伝統工芸品をECサイトを
通じて販売する「日本工芸」の2社に詳しくお話を伺いました。

Case
#01

「体験」を楽しんでもらう。そのことを追求していたら、EC業界がそれを「D2C」と呼んだ。

株式会社FOOLS代表取締役　金丸拓矢氏
取締役CMO　遠峰正之氏

聞き手　角間実

独創的なデザインのソールが海外でも話題のgrounds。そもそもその着想とは？　そしてなぜ、Shopifyを「一択だった」と評するのか。私が開発で参加させていただいた当時を振り返りつつ、新しいビジネスを展開する経営陣に話を伺いました。

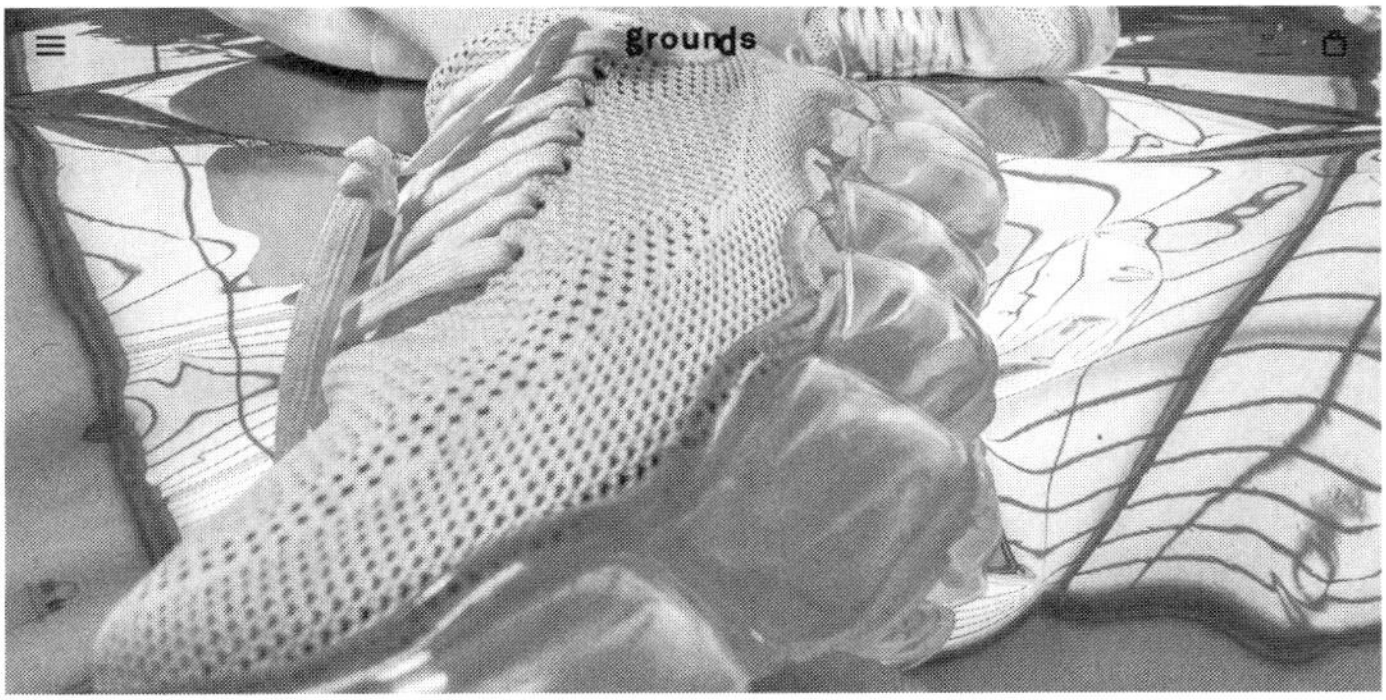
grounds

grounds
JP
JEWELRY
26
NEW
NEW
NEW
NEW
NEW
RESTOCK
RESTOCK
SOLD OUT

D2Cにおいてジャイアント・キラーは多数。しかし、もっとも本気でD2Cに取り組んでいるのは最大手。

角間　貴社のビジネスは「スニーカーを作り、販売する」でよろしいですか。

金丸　はい。スニーカーを日本から全世界に売りたいという思いでgroundsを運営しています。２０１９年7月の販売開始当初は、アーリーアダプターの方たちに注目してもらうというコンセプトのもとで、ＥＣサイトをローンチしました。２０２０年3月に、もっとリアルな店舗に近い、スニーカーが壁に飾ってあるビジュアルをデザインコンセプトにリニューアルをしました。

角間　もともとスニーカーを商材に選ばれた理由はなんですか？

金丸　遠峰ともう1人の役員、坂部との出会いが始まりです。そこで一緒に3Dプリンターでファッションアイテムを作るプロジェクトを始めたのですが、３Ｄプリンターで作るんだったら靴が面白いよねというのが、商材に靴を選んだきっかけです。

遠峰　現在も３Ｄプリンターは製品の開発工程で使っています。しかし、現在の３Ｄプリンターの技術で販売用のプロダクトを作れるかというと、我々がチャレンジした限りでは、クオリティと価格のどちらも満足いくものができていないのが正直なところです。現状では、プロトタイプの作成時に利用しています。

金丸　スニーカー市場は世界的にプレイヤ

ーが少ない市場です。スポーツでブランディングしているブランドがほとんどなので、ほかにはない、ファッションに特化した打ち出し方をしていけば、戦わずにポジションを築けるのではないか。それがアパレルではなく、靴から始めてみようと思った理由です。

角間　いわゆるビジネスとして成立するところをしっかり選び抜いたのですね。

金丸　ブルーオーシャンがあると考えました。

角間　実際、始める前と後でその風景は

金丸拓矢氏

変わっていますか？　思ったよりも実はスニーカー市場は参入が多かったとか、大手がこんなところで囲い込んでいるといった発見はありましたか？

金丸　狙い通りの市場ではありました。まだ全貌は見えていませんが、予想外なことは、意外と大手こそ尖った戦略が取れていることです。ナイキが全然あぐらをかいていない。企業規模だけでなく思想も大きいというのが正直な感想ですね。

角間　なるほど。狙い通りだったということですね。

金丸　D2Cだけで戦えるほど甘くないのはもちろんです。海外ではジャイアントキラーが出てきていますよね。でも、参入したからこそわかる強さがたくさんあるな、というのが実感です。

「スニーカー好き」というよりファッション感度の高い層が食い付いた

角間　D2C企業は、どこかのソーシャルなチャネルであらかじめガッチリお客さんを囲っている場合が多いと思いますが、そういう意味でいうと今回はどこのチャネルでどう活用されましたか？

金丸　インスタグラムをメインで使っています。はじめから世界に向けていきたかったので、非言語を扱うものが一番相性がいいと考えています。インスタグラムは文章がなくても写真や動画のみで表現できるので。そのため文章は全て英語にしています。販売開始時にはすでに5000～6000人はフォロワーがいました。

遠峰　あの時点でgroundsのことを知っていたのは、いわゆるファッションの感度が高くて、コレクションブランド等に関心が高いユーザーでした。日本人の割合は30

郵 便 は が き

料金受取人払郵便

牛込局承認

2000

差出有効期限
令和4年5月
31日まで

162-8790

東京都新宿区揚場町2-18
白宝ビル5F

フォレスト出版株式会社
愛読者カード係

フリガナ お名前	年齢　　　歳 性別（ 男・女 ）
ご住所 〒 ☎　（　　）　FAX　（　　）	
ご職業	役職
ご勤務先または学校名	
Eメールアドレス メールによる新刊案内をお送り致します。ご希望されない場合は空欄のままで結構です。	

フォレスト出版の情報はhttp://www.forestpub.co.jpまで!

フォレスト出版　愛読者カード

ご購読ありがとうございます。今後の出版物の資料とさせていただきますので、下記の設問にお答えください。ご協力をお願い申し上げます。

● ご購入図書名　「　　　　　　　　　　　　　　　　」

● お買い上げ書店名「　　　　　　　　　　　　　　」書店

● お買い求めの動機は?

1. 著者が好きだから　　2. タイトルが気に入って
3. 装丁がよかったから　　4. 人にすすめられて
5. 新聞・雑誌の広告で(掲載誌誌名　　　　　　　　)
6. その他(　　　　　　　　　　　　　　　　　　　)

● ご購読されている新聞・雑誌・Webサイトは?

(　　　　　　　　　　　　　　　　　　　　　　　)

● よく利用するSNSは?(複数回答可)

☐ Facebook　☐ Twitter　☐ LINE　☐ その他(　　　　　)

● お読みになりたい著者、テーマ等を具体的にお聞かせください。

(　　　　　　　　　　　　　　　　　　　　　　　)

● 本書についてのご意見・ご感想をお聞かせください。

● ご意見・ご感想をWebサイト・広告等に掲載させていただいてもよろしいでしょうか?

☐ YES　☐ NO　☐ 匿名であればYES

%くらいしかいなかったです。

角間　毎日新しいものを追いかけて新しいものを買っているような方たちにしっかり受け入れられていたということですね。逆に、「スニーカーが好き」「スニーカーマニア」といった方々のニーズはストアオープン前にはあったのでしょうか？

遠峰　憶測ですけど、スタート時点ではそんなに認知はなかったと思います。

角間　ストアオープン後に「スニーカー好き」というグループにも認知が上がっていった感じですか？

金丸　そもそもgroundsはスニーカー好きの人をメインターゲットには置いていないんですよ。何より僕や遠峰も、スニーカーユーザーではなくて基本的には革靴しか履いていなかったんです。革靴の方がかっこいいよね、と思っている人たちが履きたくなるスニーカーを作りたいな、と。

そういう意味でも既存のスニーカーブランドと戦うつもりはありません。もちろん、スニーカーが好きな人たちに受け入れてもらうことはとても重要なピースですが。

ファッションは好きだけど、スニーカーをあまり履かないという人たちが一定数存在していて、その人たちの中に、「ロゴの主張が強くないミニマルなデザインで、ファッションと合わせやすい靴」という潜在的ニーズがあるのではないかというのが、このマーケットにおける僕たちの仮説です。

スニーカーブランドは壁に並んだ時に、目立つかどうかということも意識してカラフルなデザインで面展開している部分もあるそうなんです。一方でgroundsは完全に逆張り。黒一色だけの靴でもソールに特徴があるので、他の靴と混ざっても違和感があって存在感が薄れないんです。

低コスト、売上債権回転期間の早さ、アプリのオープン感。Shopify一択だった

角間　今回いろんなシステムの中で、なぜShopifyを選ばれたのですか？

金丸　一番初めにShopifyが議論に上がったのは、売り出す1年前の2018年9月、前身のブランドでパリコレクションでランウェイショーをやったんですが、いざ販売に差し当たって、どのフォーマットを使おうかという話し合いの場でした。

遠峰　せっかくパリでランウェイショーまで行ったので、ブランディングの意味合いから、サイトのデザインにはこだわりたかったです。

遠峰正之氏

ただ、コストの面ももちろんあるので、デザインとコスト面、そして機能を考慮して検討を始めました。

金丸　卸しだけではなく、自分たちでも売るべきだと考えたときに一番初めに考えたのは、フルスクラッチでオンラインサイトを作ることでした。なぜなら当時、日本のサービスは、海外対応をしていなかったんです。そのときに、遠峰が「Shopify というサービスがあるらしいよ」という情報を持ってきたんですが、「これはもう一択だね」と。モノの1分くらいで「Shopify でやろう」というやりとりをしていました。その後、1週間ほど調べてみたのですが、その決断は変わらなかったです。

角間　そのときの決定要因は越境ECに対応しているということですか？

金丸　そうですね。グローバルのスタンダードになるであろうものを探していました。

角間　コンセプトをきちんと実現できるプラットフォームであることと、越境ECにも対応しているというのを探した時に、Shopifyがベストチョイスということだったわけですね。ずばりShopifyの魅力はなんですか。

金丸　Shopifyの魅力を大きく分けると3つ。

1つ目はまずスクラッチで作るより圧倒的にページを作るコストが少ない。それはお客様が見るページだけではなく、運用者が扱う管理ページもしかりです。パソコンの管理ページもスマートフォンの管理アプリもあります。売れたらアプリを通じてスマホにプッシュ通知が届くんです。これは売っている側の体験としてはパーフェクト。

2つ目はサードパーティにアプリが開放されていること。これは後から意外とスゴいことだなと感じました。3つ目はキャッシュの回転期間が短いということです。

角間　キャッシュの回転は1週間というところですよね。もう正直、国内の既存のサービスとかは、いわゆるぶら下がりのクレジット決済会社を使うことが多いんですけど、そういうところは変なバイアスがかかって入金が遅いんですよね。

金丸　そうなんです。角間さんからも「どのペイメントサービスを使いますか？」と聞かれましたが、「Shopify ペイメントで」と即答しました。

角間　20代前半にはコンビニ決済のニーズがかなり高いと聞きますが？

金丸　「コンビニ決済はありますか」「クレジットカードを使わずに決済することはできますか」という問い合わせはかなり多いですね。

遠峰　僕らは多分、Shopify の機能のほんの一部しか使えていないと思うんです。海外のお客さんにオープンにしながらも、日本も海外もひとつのシステムでやってしまっているので。海外対応をしながら日本のお客様が使いやすくすることが、一番工夫していることでもあり、苦労していることでもあります。

角間　インスタグラムをおやりになっていますが、SNSとの連携はいかがですか？

金丸　広告の連携はすごく便利ですね。主にフェイスブック広告、グーグル広告。

角間　Gmailのアプリにも枠があります。リスティング広告もそうですし、Shopifyのアプリを入れてグーグルのサービスと連携すると非常に簡単に広告が打てます。

サイトの構成には満足しているが まだまだ改善したい点は多数存在する

角間　貴社のサイトをユーザー的な目線で見ると、標本感というか、同じ形状のものが並列されている気持ちよさというのを感じます。

遠峰　リピート感を強めたかったんです。各アイテムを小さくして、同じ形の商品もすべてトップページに並べています。一般的なストアのＴＯＰでは代表的なカラーのみを並べて、2ページ目でカラーの選択する構成が多いと思いますが、groundsでは全カラーバリエーションをＴＯＰに出しているんです。

金丸　見た目は結構満足しているんですが、まだまだ改善したい点は多数存在しています。

Shopifyにはさまざまな機能があるんですが、海外のお客様が購入される際、住所を入れると、自動的に送料が計算されます。設定によっては、同時に関税や消費税も計算できます。しかし、その結果、お客様が商品を比較検討していたときの金額と実際に支払う金額との間に1万円レベルの誤差が生まれてしまう場合があります。

それって見方によってはとてもクリーンなんですね。あなたの支払うお金は何にいくら使われていますよという内訳を出しているので。僕らの儲けではありませんという主張もできますしね。

一方で、購入者の体験としてそれがいいのかという疑問は常に持っています。具体的に説明すると、オンラインストアで靴を選び、2万5000円の商品代金を支払うつもりで購入を決めて、いざ届いてみたら送料が6000円、関税が17%、消費税が20%かかって、合計4万円以上支払う必要があるケースは、たとえばヨーロッパへの発送の場合には当たり前に存在します。でも、最初から4万円のつもりで商品を選びたかったというお客様の心理は必ずあるはずです。

角間　その問題の一部はスニーカー独特のものですね。スニーカーはとにかく関税が高い。加えて、モノが大きい。

金丸　そうなんです。モノが大きいと送料も高くなります。

ファッション業界では、国によって商品価格が異なることは当たり前です。そもそも希望小売価格という概念はありませんし、同様にブランド直営のオンラインストアでも、発送先によって商品単価が違います。

そういった事情も加味すると、手元に届くまでにかかるあらゆるコストを僕らが代理で支払うこと前提に、商品価格はそれら全てを含んだ価格を初めから提示したいと考えています。同時に通貨や言語をそれぞれの国に最適化することも対応する必要があります。

角間　関税のアプリを独自に作ることももちろんできますし、基本的には公式アプリを使った方が安くできやすいですね。ちなみに公式アプリも各社ごとにカスタマイズ可能です。

金丸　価格を地域ごとに出し分けるアプリがあるなら使いたいですね。自前でアプリを開発した方がいいんじゃないかと悩むくらい欲しいです。アプリを自分たちで作るコストを払っても、他のショップに開発したアプリを販売することで元を取ることもできるかもしれないですし。

角間　ところで、ネットショップの業務を自動化する物流代行システム「ロジレス」をご検討されていますよね。

金丸　はい。ただ、卸しやポップアップをやっているので、様々なケースを想定する必要があり、評価に時間がかかっています。すべてがオンラインストアというわけではないですし、販売用の在庫以外にも雑誌やメディア向けに貸し出す用の販促用在庫もありますので。

ＳＫＵ（Stock Keeping Unit＝ストック・キーピング・ユニットの略。受発注・在庫管理を行う際の最小の管理単位）が多いことも課題の１つです。毎月複数のアイテムを増やしていますし、サイズのバリエーションもあるので、１アイテム増やすとＳＫＵが10個増えてしまいます。

それに、色やサイズなど感覚的に理解できるものをバーコードのような機械的な番号に置き換えて管理する必要があります。そのためのマニュアルや変換ツール、検索ツールなどをさまざまなケースを想定して用意して、社内と物流業者と共有しなければなりません。

サイト制作で頭を悩ませるアプリ同士の相性問題

角間　開発サイドの私から聞くのは心苦しいのですが……制作で大変だったことはありますか？

遠峰　アプリ同士の相性には苦労しました。新しいアプリを入れるとバグが出ることは頻繁にあって、そのたびに角間さんに相談しないといけなかったのはしんどかったかな。

角間　その問題はわかりやすくいうと、ミュージックステーションにアイドルとパンクロッカーが来て、一緒に歌えと言っているようなものなので、一緒には歌えないんですよね。別々には動けるけど、複数組み合わせるとうまくいかないケースがある。

あと、僕らみたいな開発会社にしかわからない部分でいうと、Shopifyを汚すアプリというのがあります。そういうのを2つ3つ入れると必ず問題が起きます。

金丸　ソースを見ていても「リキッド」（Shopifyのテンプレート言語）という概念が、つかみづらかったです。今も正確に理解できているかわからない。「リキッド」ってこういう使い方をしているんだなと、なんとなく触りながら理解している状態です。

「今ブランドを始めるなら、絶対こうやるでしょ」それが結果的にD2Cだった

角間　最後に、D2C企業と呼ばれることに対して、違和感はないですか？

金丸　「D2Cです」と言ってしまえば、ビジネスの説明は楽です。すごく曖昧な言葉なので。ただ、「D2Cとはなんだろう」という疑問は常に持っています。D2Cって、特に公式があるわけではないですよね。

D2Cは国土や人口規模の大きいアメリカや中国などでは、十分に成立するモデル

だと思っていますが、日本にそのモデルをそのまま輸入したところで、成立しうるのかは疑問です。日本国内だけに留まっていたら、割と早い段階でアッパーが来るかな、と。

まず、マーケットサイズで見ると、日本の靴の市場は世界の4％しかない。それに日本は便利すぎるじゃないですか。国土が小さいし、人口は都市部に集中している。オンラインストアで買うメリットは海外に比べてどのくらいあるのかというと、数字で見ても感覚的にもそこまで進んでいるとは言いきれない。日本ではコンビニにもすぐ行けます。24時間開いているし、日曜日も営業している。さらにユニクロも無印良品も、D2Cを昔からやっていますよね。使い勝手がよいものを作って中間コストを抑えて安く売るというのは、実は日本のブランドが一番強いところなのかなと思っています。だからこそ、各社工夫をしながら自分たちの市場や製品、チームやビジョンにあった新しい戦略を練っているところだと思います。

遠峰　D2Cという言葉はもちろん知っていましたが、もともと、D2Cを意識せずにビジネスモデルを考えていました。ところが、これからファッションってどうなっていくべきかを考えて作ったプレゼンテーション資料を眺めて、D2Cと言っちゃえば楽だなということにあとから気がつきました。今、世の中にあるツールを使ったらECサイトを持つことは必然ですし、それを要約してD2Cという人もいらっしゃるので。「今ブランドを始めるなら、絶対こうやるでしょ」というのが、いわゆるD2Cだったというだけですね。

体験をデザインする。そして、「ブランドが主語」になることを目指す

角間　D2Cに関してもう少し質問させてください。

D2Cの文脈には「コト売り」という考えがあります。これまでの「モノ売り」はいわゆるサイズ・カラーや商品のカッコよさを訴求するもの。「コト売り」というのは「こういうことに使いましょう」とか「プレゼントに最適ですよ」という訴求です。

groundsの商品は「コト売り」を意識されたりしていますか？

角間実と

金丸　実は、groundsの靴は見た目のデザインだけではなく、「体験」もデザインしています。靴を履いた時の感触、歩き心地はそれぞれのアウトソールによって違うんですよ。だから、アウトソールに関しては多額のコストをかけて開発しています。その理由はまさにその「体験のデザイン」が目的なんです。

靴のアッパーに関しては、見た目のデザインはできるんですが、体験のデザインはできません。体験のデザインをしようと思ったらソールを開発しないといけない。ソールの型を作るにはイニシャルで1足数百万円かかります。さらにそれが、サイズ展開を増やすごとにかかるんです。

でも、それを必ずやるということは初めから決めていました。なぜなら、履いて出掛けたくなるような靴を作りたかったんです。

売り方の話をすると、国内限定ですが、「フリーフィット」というプロモーションを行っています。自宅で無料試着できるという施策です。このプロモーションでは、例外的に靴を外で試着することを許容しています。なぜかというと、「歩く」という体験を試してほしいからなんです。

grounds の靴を見たことがある人だけではなくて、履いたことがある人たちを増やしたいと思ってこのサービスを開始しました。履いたことがある人でないと、語ってもらえないし、友人に広めてもらえないという思いもあって。

角間　最後に、いわゆるLTV（Life Time Value=顧客生涯価値）といわれる長期的な顧客づくりに関しての質問です。貴社の場合は1足買ったら、もう1足買ってくださいという言い方はしないとは思うんですけど、継続的に履きたくなるような工夫や施策はされているでしょうか。2足目を買いたくなるような。

金丸　まずは3足買ってもらうことがゴールだと考えています。「groundsが新しい靴を出したから履いてみたい」と、ブランドが主語になって新しい取り組みに興味を持ってもらえたら一番嬉しいこと。プロダクトが強いブランドだという自負があるので、いろんなシーンで使えるアイテムを積極的に作っていって、自然にgroundsを選んでもらえるような関係をお客様と構築ができたら嬉しいです。

Case
#02

伝統工芸品をECで販売する。ゆるやかなコミュニティの醸成が今後のカギとなる

日本工芸株式会社代表取締役社長　**松澤斉之**氏

聞き手　角間実

まだネットの世界では世の中に出ていない、上質な工芸品を販売するサイトを運営する松澤氏。Shopify に出会う前は、オープンソースの仕組みなどに取り組んだが、Shopify を採用したことで新しいフェーズが見えてきた。

会社概要
業務内容
取扱工芸品
展示所
SNS
取組実例
オンラインショップ
日本工芸株式会社
Japanese traditional crafts for the world!!

JAPANESE CRAFTS
日本の工芸品とともに豊かな暮らしを

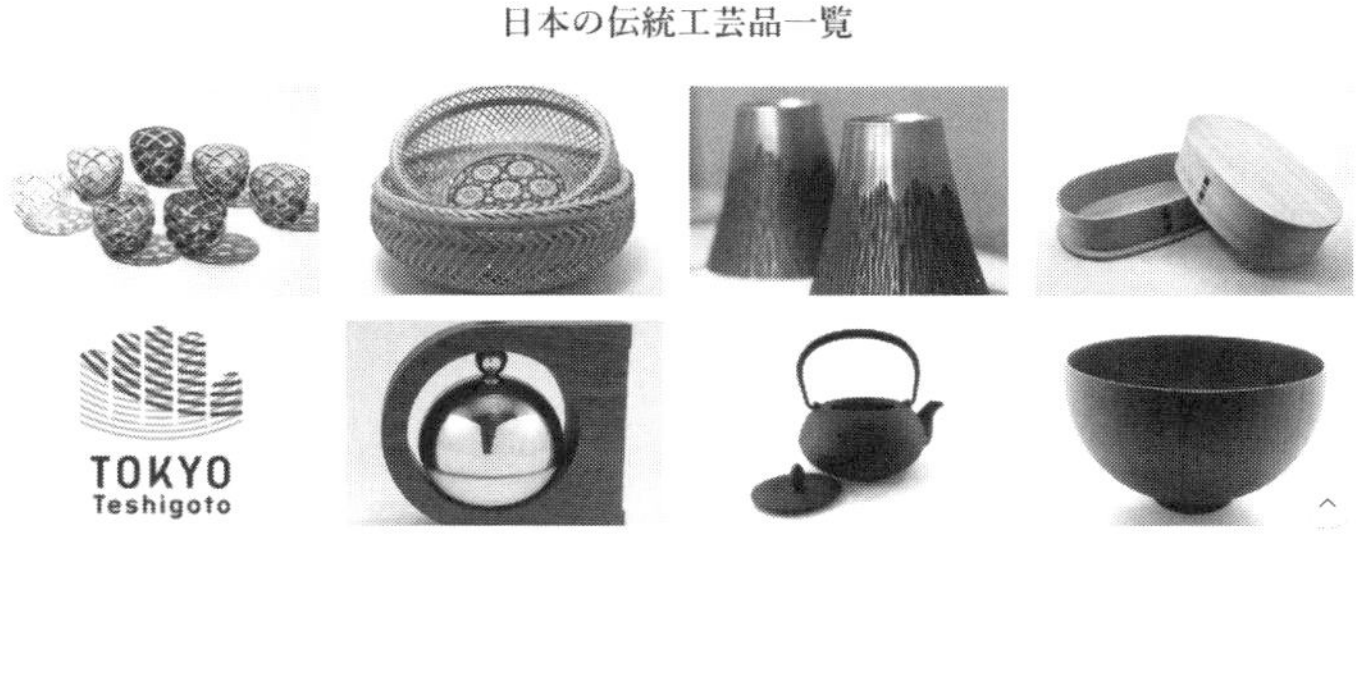
日本の伝統工芸品一覧
TOKYO
Teshigoto

「おまえのところで売りたい」そう言われるECサイトを目指して

角間　貴社のネット通販のビジネスの紹介をお願いします。

松澤　私が運営しているのは、Shopifyで作った伝統工芸品を販売するサイトです。商材が550くらいあって、南部鉄器とか江戸切子《えどきりこ》とか竹細工とか、さまざまな各地の伝統工芸品を仕入れてお客様に提供しています。主にギフトニーズというところに刺さるような商材をセレクトして販売しています。

自分の目で見ていいなと思ったものを集めているセレクトショップというようなカタチでやっています。当サイトでは海外の取引が今は少ないですが、Shopifyは国外にも対応していることから、今後は力を入れていきたいと思いつつ、現状でも決済は可能な状態です。

集客には広告も使いつつ、「ノンペイド」といわれるSNSでの集客が、中期的には効果的だと思い、ツイッター、インスタグラム、フェイスブック、ピンテレストの4つに注力して、フォロワーに常に情報が届くような、ファン作りをこの1年間やってきました。

江戸切子などは写真映えもするし、職人さんが気持ちを込めて作っている商材です。売価を気にせず、いいものだったら高いものでも欲しいという方は一定数いらっしゃる。そういう方々に情報を届けられるようにしています。

角間 伝統工芸品をECサイトで販売するビジネスを始めたきっかけは何ですか？

松澤 私はもともと前職がアマゾンのバイヤーで、カテゴリーがホームカテゴリーという、雑貨系・ノンプラグドカテゴリーの専門でした。お皿とか食器とかカトラリーとかインテリア系のバイヤーです。伝統工芸品の商流を起こすために窯とか工房とかを回り始めて、アマゾンで販売可能になった。

工芸品はハンドメイドの作業も多く、現場に行って職人さんと語る機会がいっぱいありました。

「こんなに素敵なものがいっぱいあるんだな」と正直、感心しました。それまでは知らかったからです。

それがきっかけで事業を始めたのですが、創業当初、目標にしたのは、「売らんかな」よりも、工房やメーカーさんにまず信用してもらえるかどうか。5年間存続し、メーカーさんの正しい紹介ができる体制にするというのがひとつの目標でした。そうしているうちに「おまえのところで売りたい」と言ってもらえるのがひとつの理想像です。商品画像と価格が並べられたキレイなサイトというよりかは「こいつ、本気でちゃんと売ろうとしているんだな」というのが消費者にも伝わるものを目指しています。

角間　まさにD2Cの展開ですね。

オープンソースの仕組みで停滞。Shopifyとの出会いでビジネスが加速

角間　お会いした頃、「マジェント」というＥＣキューブの類似システムをお使いでしたね。

松澤　「マジェント」はオープンソースで誰でも使えて、何でもできるという概念でできています。スキルがかなり高い人向けで、サーバーも立てて、自由に設計できる仕組みです。

外注してコンペして、ある業者にやってもらっていたのですが、着手金も払い、制作費も全部払ったものの全然動かない。本当に諦めかけてＢＡＳＥみたいなので簡単に立ち上げて「とりあえずやっています」とだけ看板を立てようか、くらいの諦めの境地だったんです。そんな折、角間さんに「Shopifyを使いたいんだけど」と言ったら、「そんなに難しくないですよ」と言われて。

角間　補足します。「マジェント」とは「ECキューブ」の類似システムで、オープンソースでやっていたのですが、Shopifyの流行《はや》る前は、ほぼそれ一択でした。海外向けにECサイトをやろうというときはオープンソースだと「マジェント」が主流。「ECキューブ」で越境ECをやると大変だから「マジェント」で……ということになったのです。そこにやってきたのがShopifyでした。カートが通らない（決済機能など主にシステム的な不具合でユーザーが購入を終えられないこと）というケースもないし、リスクも少ないし、初期費用も抑えられます。

松澤　創業したときが2016年の末、ほぼ2017年。知人経由で、大手代理店のECコンサルタントと会いました。「マジェント」での構築費用は1000万円くらいかかると言われました。個人で事業を始めるので、ミニマムで300万円くらいの費用でどうかと相談されました。

「マジェント」を使える会社を5社コンペにかけ、依頼した先の業者は結局、サイトを作れませんでした。インドに丸投げだったんですよ。私はインドの制作実務者の方を紹介してほしいと業者に依頼しました。その担当者さんと直接やりとりをして、なんとか一瞬だけ決済システムが稼働できるようになりました。それでリリースして、100商品くらい自分で登録しましたが、2ヵ月くらいで全然動かなくなりました。何が原因なのかがまったくわからない。

角間　当時、そういう話はよく聞きました。「スクラッチ」でも「ECキューブ」でも山ほどそういう案件がありました。そんな中で出てきたのがShopifyで、多くの注目を集めました。いわゆるカートが落ちるこ

松澤斉之氏

とがなく通り続けるというレンタル型のメリットが出ています。

松澤　ＢＡＳＥは簡単ですが、データの管理とかが初心者向けな印象を持っていました。本格的運用の手前までは相当程度できるという印象が Shopify にはありました。カナダ発で利用率が伸びているという評判、話題性と実績、そしてほかのメディアとの連携をこっちが考えなくていい点が魅力でした。さらに肝になるのは決済ですね。Shopify 側で全部管理してくれる。サーバーの管理もいらない。それが月々29ドル。３００万じゃなくて３０００円。

角間　Shopify の制作でよかったことは？

松澤　実際にＥＣを作ったことがある人の仕様設計になっていて、データ分析とか、必要なものがほぼ過不足なくデフォルトで入っている。トラフィックとかコンバージョンとかカート落ちのパーセンテージとか伸びとか基本的な分析に必要なものがきちんと実装されている。

もうひとつ、拡張性の広さです。アプリを入れていくことでさまざまな課題が解決できる。難易度も高くない。デザイン的にも感覚的にソートできたり入れ替えたりできます。機能制限とかは当然ありますが、組み合わせると、その制限の中でほとんどのやりたいことができる。

組み合わせることを前提とすれば、十分なシステムのモジュールになっているんじゃないかな。「自由度ないじゃん」と言われたら、確かにないところもあるのですが、組み合わせたらかなり自由度がある印象です。

角間　Shopifyはすでにカナダやアメリカで、かなり揉まれたシステムです。日本に来る以前に多くの人が考える部分がほぼほぼアプリ化されている。もちろんそれが日本の商習慣にあっていないものもあります。でも世界共通のものに関しては洗練されています。

松澤　ＥＣは多分そんなに難しい業態ではないんだと思います。ただモノを売りたい人がいて、それを買いたい人がいて。そこにさまざまな状況があって、それをどうやって満たしていくかというのは、要件を定義し、既存を組み合わせることで大体のことが実現できます。何かができないというのはあまりない。Shopify ジャパンのバックアップ体制もちゃんとしている。メールとかブログもけっこう頻度高く更新されるし、メルマガの内容も精度が高いですね。

不測の事態は当然起きてきます。社会情勢も変わるし、たとえば決済とかスピードを早くしないといけないとか、QRコードで決済しないといけないとか、どんどん状況は変化します。2年前にできていたことなんて、あんまり意味がなくなってきている。どんどん最先端を追っていかないといけなくなる。

でも、ほとんどの人が追っていけないと思うんですよ。ところが、システムの提供側が基本的に最先端を追っています。それで「こういうのがいいですよ」と勧めてくれる。そこから一番いいなと思うものでリーズナブルなものを選べるから、運営者があまり考えなくていいという安心感がある。

角間　ECキューブにもアプリに相当する「プラグイン」という概念があります。しかし、Shopify に比べると不十分な内容です。オープンソースでがんばっているので、いわゆる無償の人が作っていて、プラグインの方だけ有償の人が多いんですよ。

SNSを駆使して、ユーザーとともに成長する

角間 Shopifyの制作で工夫していることはなんでしょう?

松澤 サイトの特徴として、商品の説明はきちっと全部入れるという点は、こだわってやっています。時間はかかりますが、写真を並べるだけだとアマゾンになっちゃうので。そこは説明販売はきちんとするという方針でサイトを作っています。

角間 説明販売を重視されている理由をもう少し詳しく教えてもらえますか?

松澤 それぞれ戦う場所があると思います。数を追うとやっぱりアマゾンには勝てま

せん。自分もかつてアマゾンに在籍して商品を集めていた側だったこともあるので、当時は「数が多いだろう」というのが自慢のタネで。値段でソートしてくれれば、なんでも出せますというのがアマゾンの概念。ユーザーさんもそれに慣れている。

でも、だんだんユーザー側のリテラシーも上がってきています。ＥＣに対するリテラシーがユーザーの中で上がってきています。すべてをネットで買う人もいるし。そういう人はやればやるほど今度は飽きるんですよ。毎日アマゾンのサイトを死ぬほど端から端まで数字を見てきましたから、わかるんです。

そんななかで、アマゾンとは別の文脈で商品を売るということをやりたいなと感じ始めました。

角間　曖昧《あいまい》な言い方ですが、売る側にも、やはり商品に愛情を持てるかどうかという課題がありますが、そのあたりはいかがですか？

松澤　愛を伝えるようにはしたいなと思っています。ＥＣで。

角間　ＥＣサイトを通してね。それはアマゾンにはなかったことですか？

松澤　アマゾンにはないもの。メーカーさんの直接の声とか職人さんの思いとか、そういうものをできる限り伝えたいと思っています。現状、十分にはできていないですけど、そういう側に立ちたい。

角間　では、量販するというよりは、ファンの方とのコミュニケーションの中で作っていきたいと？

松澤　そうですね、今まで逸品に出会えるサイトという概念でやっていました。トラック、表示商品の数は増やせますが、今は全体設計を変えようとしていて。ＳＮＳも含めて、もっとお客さんの滞留時間を増やそうと。タッチポイントとしてリアルな場所を作ることを考えています。工芸の体験をできるような、売り場を作るというよりは、そういう工芸トラベルのようなものをやりたいです。

たとえば、角間さんとも土佐に一緒に行ってきましたよね。僕が一緒に行くと工房に行けて、普段は見られないところも一緒に見ることができた。いわゆるツアーですね。ネットでチケットを売って、体験した人たちがSNSで、インスタグラムとかフェイスブックで「買ったよ」とアップする。そんな流れが作れたらありがたい。サイトでの販売のみに依存するのではないコミュニティの醸成。ある種の工芸エバンジェリストみたいな人がいて、参加できるようなコミュニティを作りながら、決済は今のShopifyのサイトでしてもらうという概念に変えていきたいと考えています。

その際、Shopifyはすごく重要で、そこで体験チケットも売れるし、興味深いのは、住所を収集しないアプリもあるんですよね。決済してトラベルするときに現地集合で払ってもらえば、別に住所はいらない。

チケットとか情報商材も売れる。そういう意味での拡張性がある。「江戸切子の体験会をやります」「江戸切子のチケットを10枚だけ売ります」というのはすぐにできる。それはありがたいことです。仕組みの列の中にただ1個加えるだけなんで。たぶん1時間でできることです。

角間　先ほど、ユーザーのリテラシーが上がっているとおっしゃったんですけども、最近のユーザーの中には、あえて公式サイトからモノを買うという人が増えています。

松澤　リテラシーは上がっています。たぶん、そういう人が増えてくると思うんですよ。以前は自社サイトではなかなか集客ができなかったんですけど、「よく考えたらアマゾンで買う必要がないじゃないか」と、ふと気づくんです。今までは流通を担っていた卸さんが飛ばされて、メーカーがアマゾンと直取引になって、そうすると1社抜くから10％の粗利を5％ずつ折半できる。そうなると、今度アマゾン要らないんじゃないかと人はなる。

作っている人から直接買えばいいじゃん、決済ができるんだから、と。

メーカーはそれができるので、メーカーはShopifyをさらに活用していくようになるのではないかと思います。ただ、ものづくりをされている方って、2~3人の少人数でやっているケースが多い。ＥＣの運用が苦手な方もいる。そこにはギャップがある。

そこで当社が橋渡し的な役割になれればと考えています。もちろん盛り上げるために事業を始めたのですが、そこの立ち位置を守ればいいんじゃないかなと思っています。

最初のデータエントリーの大変さは誰もが体験する道である

角間　Shopifyのストア制作で大変だったことはありますか？

松澤　総じてやりやすいですけど、取扱い数が多いので、最初のデータエントリーは、それなりの労力がかかりました。データエントリーは後で何度も修正するので、大変といえば大変だけど、人を充《あ》ててやるしかない。

今ではすぐできますが、最初はやっぱり、ちょっと迷いながら、「あれ、どこにコントロールバーがあるのかな」とか、「どこをやったら動くのかな」とか。慣れるまでにやっぱり何ヵ月かかかる人もいるでしょう。

海外からのオーダーも来ていたんですが、自分で梱包《こんぽう》してEMSで送らないといけない。そうするとインボイスを書かないといけない。そういうのが手間だったというのもあって、現状ではワールドショッピングビズ（https://www.worldshopping.biz/）というサービスを利用してます。決済をその国の言語でやれる決済カートなんです。Shopifyと連動してて、すごく便利です。

月額5000円くらいかかりますが、1件か2件決まれば、粗利で払えるという感じで元が取れます。

今、英語のサイトは別に作る準備中です。

角間実と

第4章

Shopify 活用事例（回答編）

第3章でご紹介した企業のほかにも、
ユニークでユーザー・フレンドリーなECサイトを
構築・運用している企業はたくさんあります。
その中でも、際立ったサービスを展開する企業の
担当者にインタビューを実施しました。

株式会社
ゴーゴーカレーグループ

http://www.gogocurry.com

なぜShopifyを選んだか？

Shopifyを選んだ大きな理由は3つあります。

ひとつは「SEO設定の利便性」です。Shopifyでは「かゆいところに手が届く」SEO対策が可能です。

もうひとつは「拡張性」です。WordPressのように使いたい機能をアプリとして導入できるので、開発コストを割かずにサイトに実装できることが他のシステムにはない強みと感じました。

最後は「サーバースペック」です。世界中で使われているプラットフォームなので、それに比例してサーバースペックが強靭なことも選定理由のひとつでした。弊社商品がメディアで紹介されて爆発的に受注が発生したとしても、落ちるどころか遅くなることさえありません。

Shopifyのストア制作でよかったこと

フロントの構築作業も日々発生する運用業務も整理されたシンプルな管理画面になっており、毎日使用するうえでストレスがないことです。国内のほかのカートシステムやモールの管理画面は直感的でなく、システムを使いこなすために多くの時間を要しますが、Shopifyは非常にわかりやすく設計されているため、新たなスタッフが入ったときも習得コストが低く抑えられます。

事業概要

ゴーゴーカレーのレトルトカレー、お皿やフォーク、Tシャツなどのゴーゴーカレーグッズをネットで販売。自社サイト、楽天、Amazon、ヤフーショッピングなどに出店。

Shopifyのストア制作で工夫していること

Shopify に限ったことではないかもしれませんが、モール店舗と自社 EC サイトの立ち位置を明確に分けることです。その中でも、ゴーゴーカレーの Shopify サイトでは法人様向けの大口注文窓口を設置しているのがモール店舗との最大の違いです。Shopify ではフォームをいくつでも自由に作成できるので、大口注文用にカスタマイズした問い合わせフォームを設置しています。

Shopifyのストア制作で大変だったこと

Shopify が「日本製」でないことは少なからず工数がかかる部分です。たとえば会員情報の姓名や住所の並びが欧米式なので、日本式の並びにするには直接テーマファイルを編集する必要があります。

ゴーゴーカレーの Shopify サイトを構築時は、日本国内での事例や資料などがほぼなかったため、アプリの検証など手探りでトライ&エラーを繰り返していたのは、今となってはよい思い出です。

タンスのゲン株式会社

https://tansu-gen.co.jp

なぜShopifyを選んだか？

タンスのゲンは、家具・寝具・家電・アウトドア・ベビー用品を企画・販売するD2Cブランドですが、最も大事なのは製品・サービスだと考えています。

しかしネット通販業界は常に変化しており、ここに人的リソースを割かれていましたが、Shopifyにすることにより、より製品・サービスの開発に力を入れることができると考えました。

● GAFA前提の設計

Shopifyはgoogle、Amazon、facebook、Appleの存在と現在の状況に適合して、それを当たり前として設計されており、それが今までのカートシステムとの大きな違い。移管によって、4社適合が大きく進みました。

●変化対応

弊社は2002年からネット通販を行っておりますが、当時から必要とされる技術は大きく変わっております。

たとえばレスポンシブデザイン、動画掲載、3Dデータの入れ込み、フリックデータの充実等は、今回の移管により実現できました。

これからも外部環境が大きく変わることが予想される中で、設備投資を自社で行わず、Shopifyと一緒になって変わっていく道を選択しました。

事業概要

家具・寝具・家電・アウトドア・ベビー用品を企画・販売する D2C ブランド。1964 年創業。ネット通販の老舗。取扱い商品の 95%は自社開発。

Shopifyのストア制作でよかったこと

弊社は福岡県大川市で、家具・寝具・家電の開発を行っています。大川市は家具の開発には優れた立地ですが、コーディングを得意とするスタッフが比較的少なく、集まりづらいという問題がありました。
Shopify はプログラムを書かなくても成立する設計だったことで、扱えるスタッフが増えたことで、結果的にスピードが上がりました。
※リキッドを扱うことができる社員は１～２人程度で運用できています。

Shopifyのストア制作で工夫していること

わかりやすさ・楽しさがあるサイトになるよう、設計しています。

Shopifyのストア制作で大変だったこと

●カナダ的感覚とのすりあわせ

アプリや自社システム側で工夫して対応していますが、特に日本特有の細やかなお客様対応をスピード感をもって行う仕組みなどにはまだ課題があります。

●日本語対応

日本語対応が進めば、もっと普及するはずです。

amirisu 株式会社

https://shop.amirisu.com

なぜShopifyを選んだか？

一番の決め手は、オンラインショップとPOSの在庫管理を一元化できるところです。以前使っていたプラットフォームではそこが統一できなかったため、店頭で売れたものをあとで在庫から引くという作業をしなければならず、そこにかなりの労力を割いていました。また、商品ページをオンラインショップとPOSの両方で使えるため、その点も助かっています。

Shopifyのストア制作でよかったこと

現在、たくさんのアプリを使ってストア制作を行っていますが、アプリのほとんどが英語であるということを差し引いても、コードを理解していないスタッフでも制作が簡単に行えることが気に入っています。また、販売実績や顧客管理などのデータ分析が容易にできるため、そのデータを見ながらのストア構築が可能という点も挙げられるかと思います。

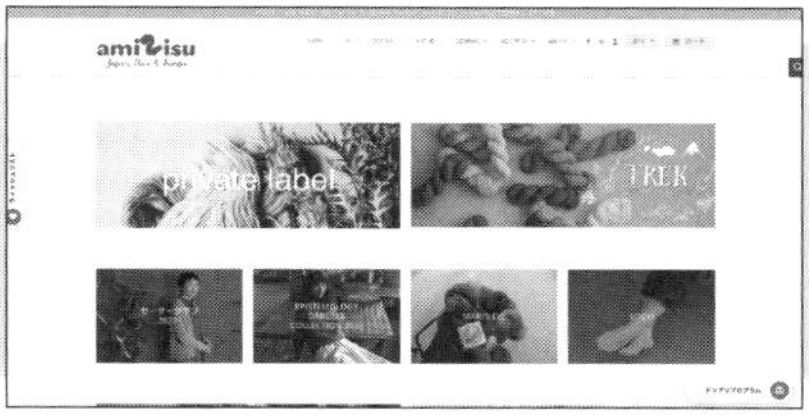

事業概要

BtoB-EC と BtoC-EC のほか、実店舗、雑誌販売と雑誌を通じた毛糸や手芸キット商品の販売

Shopifyのストア制作で工夫していること

お客様が毎日サイトを訪れるように、トップページの見え方を頻繁に変えるようにしています。また、ブログやポッドキャストなどの商品以外のコンテンツを充実させ、さらにそれをトップページに表示させることにより、サイトを見ることが毎日の楽しみになるようにと工夫しています。

Shopifyのストア制作で大変だったこと

別のプラットフォームから Shopify に乗り換える時に、商品ページを全て作り直さなくてはならず、かなり手間どりました。また、在庫管理をきっちりやるために今まで曖昧にしていた SKU を新たに振り直したため、全てを整えるためには時間がかかりました。しかし、ここでの SKU 管理が、後々の在庫管理をうまくやる上では必要だったと思います。

ベースフード株式会社

https://basefood.co.jp

なぜShopifyを選んだか？

決め手は拡張性がすごくあるところ。ほとんどの日本の会社のASP は、ほかのアプリケーションと連携するという前提で作られていません。そのため何か要望があっても、できないことは開発しなければいけないとか、あきらめるしかないことが多いんですが、Shopify は周辺アプリがどんどん進化しているので、常にEC の世界の成功事例を試すことができるというのが一番のよいところだと思いました。

Shopifyのストア制作でよかったこと

特にマーケティングの部分に強いと思っています。

たとえば、お問い合わせを一元管理してチャットやFAQ で顧客サポートをするアプリや、効率的にレビューを集められるアプリ、メールマーケティングのアプリなど、各分野で優れたソフトウェアとAPI 連携していることで、お客様に対して、質の高いサービスを提供することができます。

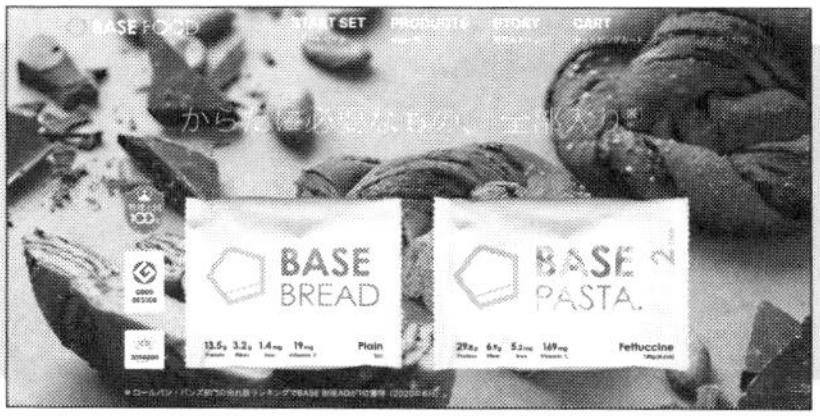

事業概要

健康を維持するために必要な栄養素をすべて含んだ世界初の完全栄養の主食「BASE FOOD」の開発・販売

Shopifyのストア制作で工夫していること

私たちにとってはお客様のレビューが肝になるのでレビューアプリは重要です。新しいコンセプトの商品だからこそ、ほかの人がどのような感想を持っているのかを知ることはとても大事です。

仕組みとしては購入に合わせてお客さんにレビューを促すメールが送られて、戻ってきたレビューがショップ上に反映されるようになっています。

いただいたレビューに１件ずつ返信することで、顧客との対話が生まれたり、そのような機能を自社で開発せずに簡単に実装できたというのはShopifyだったからこそだと思っています。

第5章

さっそくShopifyでストアを作ろう！
――超簡単ECサイト構築法――

習うより慣れよ。Shopifyとて同様です。
Shopifyはこれまでのサイトプラットフォームのなかでも、
ずば抜けて運営者のニーズにきめ細やかに
対応して開発されています。
ぜひ、ご自身でサイトをオープンしてみて体感してください。

Shopifyなら ECサイトを始めるのが超簡単

第1章、第2章でShopifyの概要、そして第3～4章では実際の運用例を紹介しました。第5章では、さっそくShopifyでECサイトを構築する手順をご紹介していきます。

Shopifyは世界で100万を超えるストアに利用されているだけあって、ECサイト初心者から大企業、専門知識を備えた技術者に至るまで幅広い人々が利用している人気プラットフォームです。

では、Shopifyはどのようにスタートすればよいのか。その基本の手順をわかりやすく解説します。

Shopifyのアカウントを作成する

ShopifyでECサイトを構築するために、まずはShopifyのアカウントを作成します。Shopifyには14日間の無料お試し期間があります。いきなり有料のプランで始めるのには抵抗があるという方も、最初は無料期間で管理画面に触って慣れたり、さまざまなテーマを見てストアのイメージを固めてから本格的な導入を検討するとよいでしょう。

①まずはShopifyの公式サイトにアクセスします。

Shopifyのトップページ（www.shopify.jp）にメールアドレスを入力し、**「無料体験を始める」**をクリックします。

最初の画面でメールアドレス、パスワード、ストアの名前とストアURL（半角英数字）を入力します。ここで入力したストアURLはあとで変更することはできません。ただし、独自ドメインを別途設定することは可能です。独自ドメインの設定方法

について後述します。

それぞれの入力欄を埋めたら**「ストアを開く」**をクリックすることで、Shopifyでストアを開設する準備ができます。

② Shopifyの支払いを受け取れるようにストアの住所を設定する。

名前、住所、電話番号は入力必須事項となります。

これでShopifyにアカウントを登録することができました。

管理画面を日本語で使えるように設定する

国内で商品を販売したり管理したりする場合には、管理画面を日本語で利用することができた方が利用しやすいでしょう。

以前は英語による対応となっていましたが、Shopify が世界に広がるにつれてさまざまな言語に対応するようになりました。

２０１８年3月からは管理画面の日本語化も進み、翻訳範囲も広がってきています。

管理画面を日本語で利用できるようにするには、**管理画面**→「**Settings**」→「**Account**」→「**Accounts and permissions**」の**自分の名前**→「**Select Language**」から「**日本語**」を選択します。

以上の手順を踏み、保存することで管理画面が日本語に変更されます。

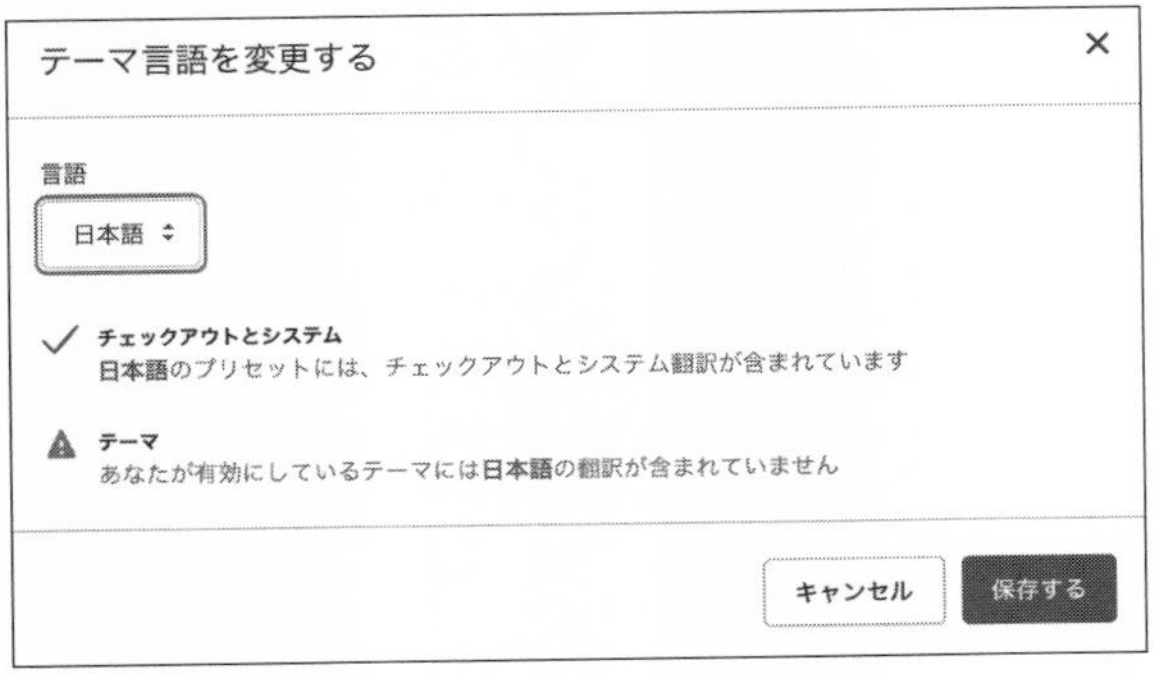

商品を登録する

ECサイトを運営するのであれば、当然ですが、売りたい商品がなければいけません。Shopifyのアカウントを作成し、管理画面を使えるようになったら次は販売する商品の登録をしましょう。

管理画面の**「商品管理」**をクリックすることで、ストアで販売する商品を管理することができます。**「商品を追加する」**をクリックして販売する商品を新規登録しましょう。

商品追加画面は以下のようになっています。

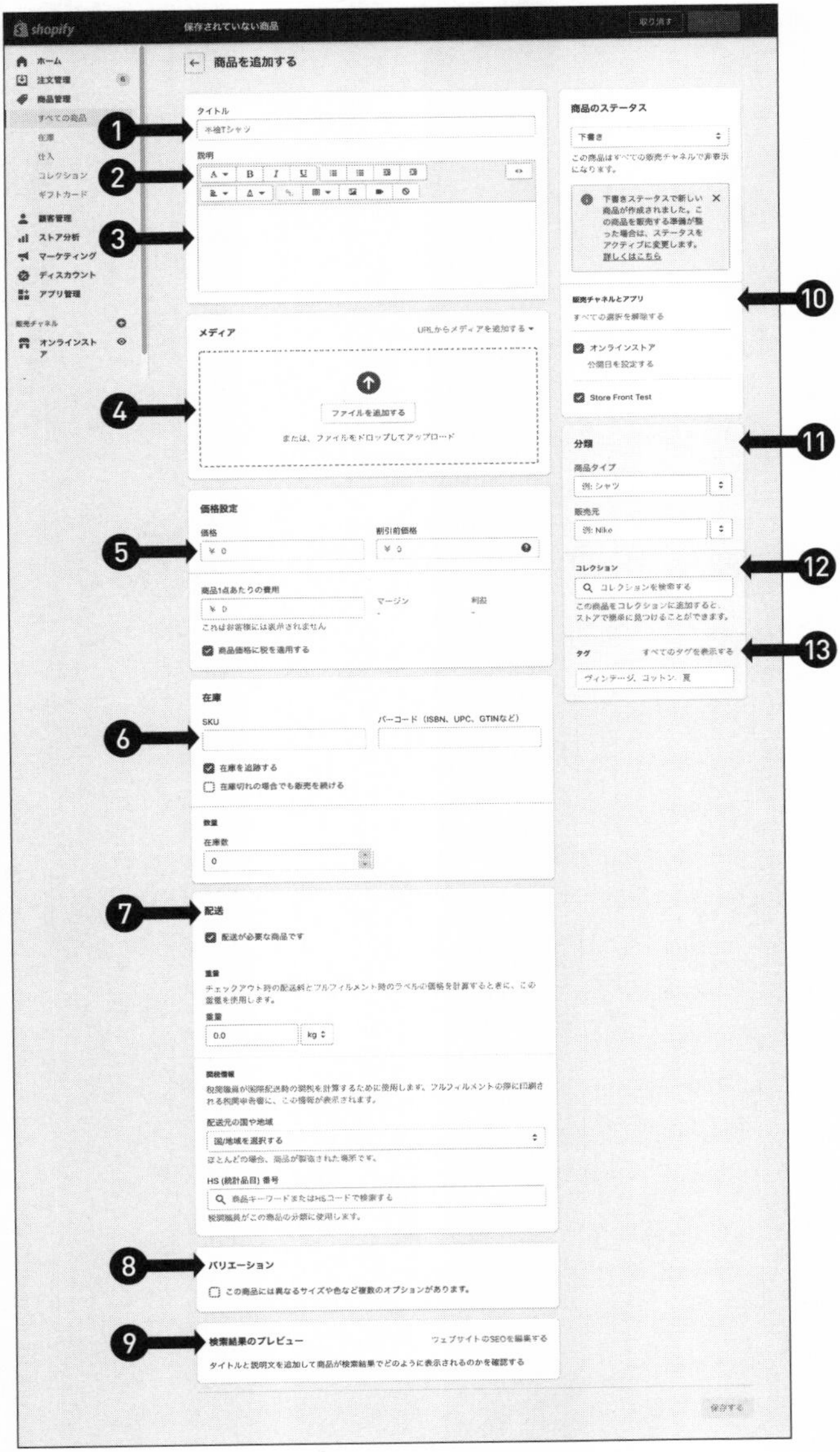
shopify
保存されていない商品
取り消す
ホーム
注文管理
商品管理
すべての商品
在庫
仕入
コレクション
ギフトカード
顧客管理
ストア分析
マーケティング
ディスカウント
アプリ管理
販売チャネル
オンラインストア
商品を追加する
タイトル
半袖Tシャツ
説明
メディア
URLからメディアを追加する
ファイルを追加する
または、ファイルをドロップしてアップロード
価格設定
価格
割引前価格
商品1点あたりの費用
マージン
利益
これはお客様には表示されません
商品価格に税を適用する
在庫
SKU
バーコード（ISBN、UPC、GTINなど）
在庫を追跡する
在庫切れの場合でも販売を続ける
数量
在庫数
配送
配送が必要な商品です
重量
チェックアウト時の配送料とフルフィルメント時のラベルの価格を計算するときに、この重量を使用します。
関税情報
配送元の国や地域
国/地域を選択する
HS (統計品目) 番号
商品キーワードまたはHSコードで検索する
バリエーション
この商品には異なるサイズや色など複数のオプションがあります。
検索結果のプレビュー
ウェブサイトのSEOを編集する
タイトルと説明文を追加して商品が検索結果でどのように表示されるのかを確認する
保存する
商品のステータス
下書き
この商品はすべての販売チャネルで非表示になります。
下書きステータスで新しい商品が作成されました。この商品を販売する準備が整った場合は、ステータスをアクティブに変更します。
詳しくはこちら
販売チャネルとアプリ
すべての選択を解除する
オンラインストア
公開日を設定する
Store Front Test
分類
商品タイプ
例: シャツ
販売元
例: Nike
コレクション
コレクションを検索する
この商品をコレクションに追加すると、ストアで簡単に見つけることができます。
タグ
すべてのタグを表示する
ヴィンテージ、コットン、夏
1
2
3
4
5
6
7
8
9
10
11
12
13

❶ 商品タイトル

商品のタイトルを入力します。

❷ 商品詳細への装飾

商品詳細に見出しや表、動画やリストを挿入することができます。説明が見やすくなるように装飾を加えましょう。なお、右上のボタンをクリックすることで HTML のコード編集も可能です。

❸ 商品詳細

商品詳細を入力します。商品の素材や大きさなど、ユーザーが求める説明文をしっかりと書きましょう。

❹ 商品画像

商品の画像を登録します。商品が魅力的に見える画像を使いましょう。複数アップロードしたり、URL から外部の画像を挿入することも可能です。

❺ 価格

商品の価格を入力します。「税を適用する」をチェックすれば税込み表示にできます。

❻ 在庫管理

商品の在庫数を入力します。

❼ 配送

有形商材といった配送が必要な商品の場合にはチェックを入れます。重量や関税など必要事項を入力します。

❽ バリエーション

商品にバリエーションがある場合にはチェックを入れます。
サイズや色の違いなどを入力します。

❾ 検索結果のプレビュー

検索結果にどう表示されるかここでプレビューできます。検索結果に表示される説明文や、商品の URL（スラッグ、ハンドル）を変更したい場合にはここで編集することができます。

❿ 販売チャネルとアプリ

販売チャネルを入力します。オンラインストアの他に SNS などの販路がある場合にはここで設定します。

⓫ 分類

商品タイプには、商品の基礎カテゴリー（シャツ・パンツなど）や、任意の商品の種類を入力します。販売元欄には製造元または卸売業者を入力します。

⓬ コレクション

セール商品や、商品カテゴリー等、複数の商品をグループ化します。コレクションは管理画面左側、商品管理グループにある「コレクション」からも設定可能です。

⓭ タグ

商品にタグを付けることで、そのタグを持った商品を検索したり、タグを元に商品を画面に表示させます。

CSVファイルによる一括登録も可能です。CSVファイルはExcelなどのアプリケーション間でデータをやり取りする際に使われます。商品が大量にある場合には、管理画面からひとつひとつ登録するのではなく、CSVファイルを利用するのが便利です。

コレクションを作成する

「商品を登録する」の部分でも少し触れましたが、いくつか商品を追加したら、次はコレクションを作ってみましょう。

　コレクションはカテゴリーと似ていますが、少し違います。コレクションとは、商品に追加したタグや価格などさまざまな条件に基づいて分類す

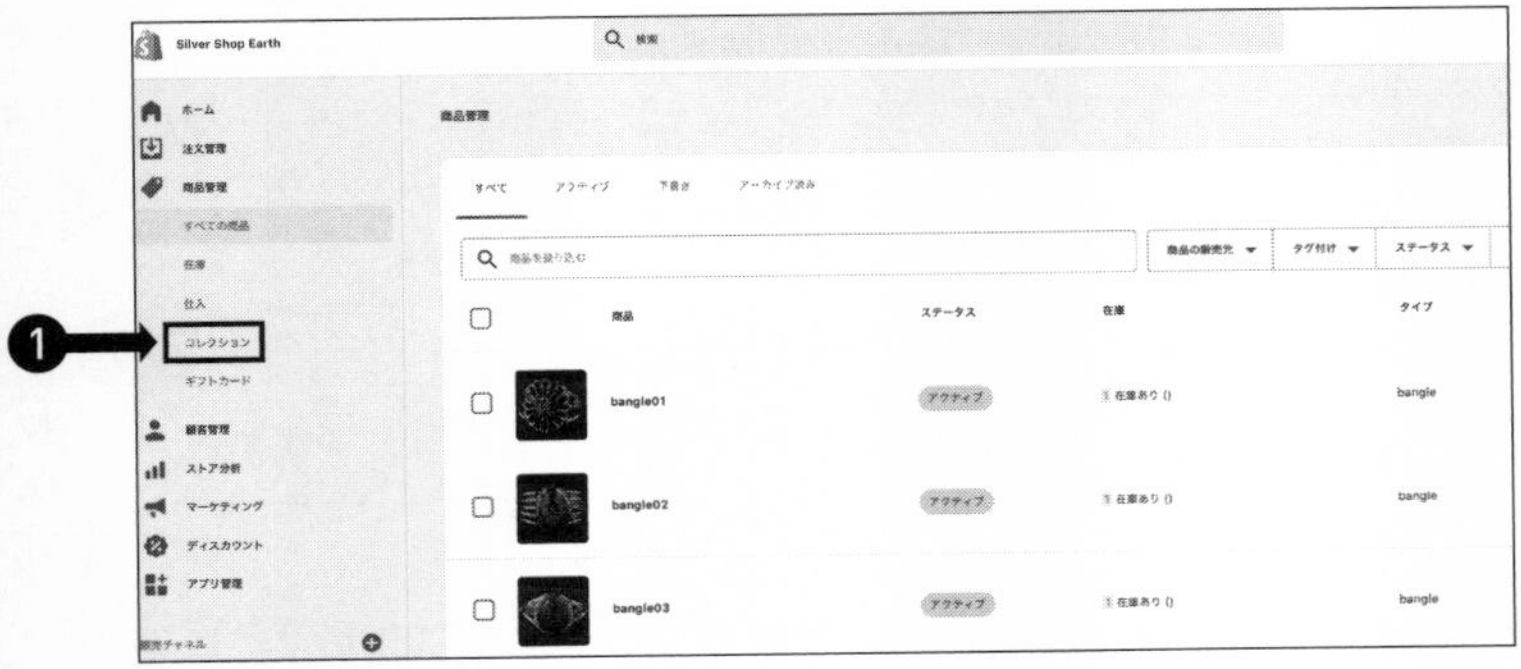

るときに利用するものです。

　コレクションを設定することで、ストアで商品を探すユーザーは**「バリエーションが青色」「5000円以下」「在庫あり」**などといった条件による検索が可能となります。
❶「コレクション」→❷「コレクションを作成する」で新規コレクションを作成することができます。
　商品をひとつひとつ手動で選択して追加することも、条件を設定して自動的に商品を振り分けることもできます。

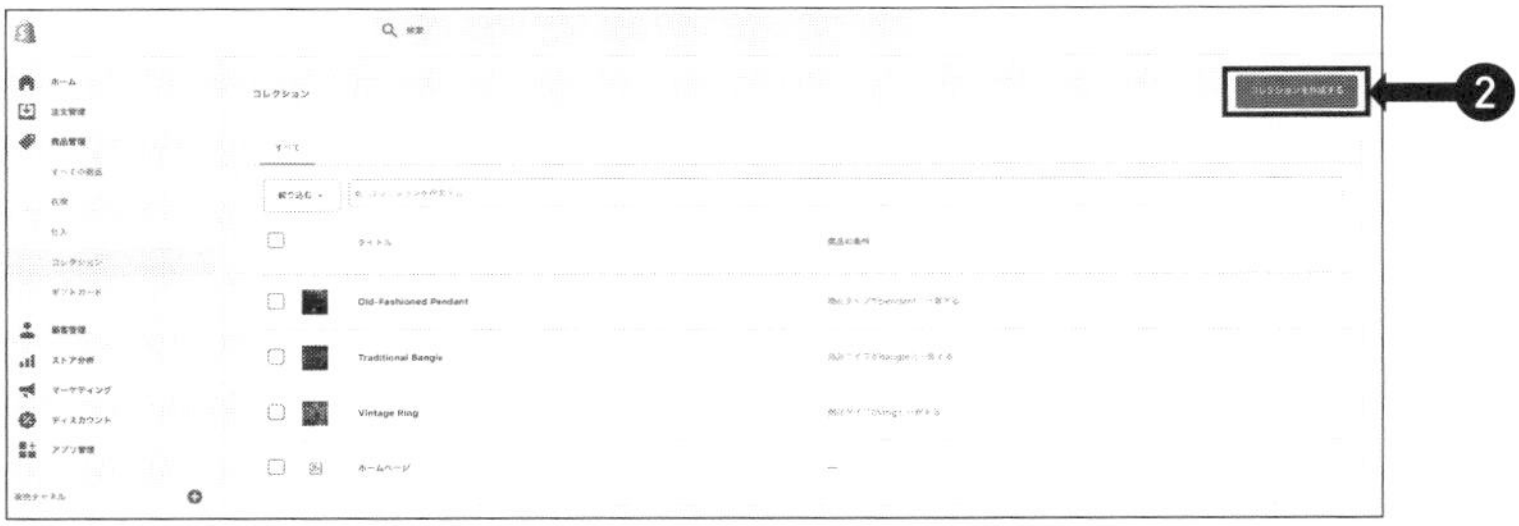

固定ページを作成する

ＥＣサイトに商品を登録して表示するだけではオープンすることはできません。たとえば日本の購入者に向けて商品を販売するときには、**「特定商取引法に基づく表記」**を掲載することが義務付けられています。ほかにも利用規約やプライバシーポリシーを記載したページ、お問い合わせフォームなども設置する必要があるでしょう。

ユーザーが安心してネットショッピングをするためにも、商品の購入時や購入後の注意事項等をはっきりと記載しておくことで、運営と消費者間のトラブルを最小限に抑えることもできます。

商品やブログ以外の決まった固定ページは**「オンラインストア」**→**「ページ」**→**「ページを追加」**から作成しましょう。

特定商取引法に基づく表記には左の情報が必要となります。タイトルと内容を入力したら保存しましょう。

図⑭ 》特定商取引法に基づく表記の記載内容

販売業者	法人の場合登記上の 会社名（ショップ名は不可） 個人運営の場合は個人名
代表責任者	販売業者代表者名
所在地	販売業者の住所
連絡先	販売業者の電話番号や メールアドレス
受付時間	電話やメールの受付時間
販売価格について	ストアの商品が税込価格なのか 税抜価格なのかを記載
商品代金以外の費用	送料や販売手数料など、 商品価格以外の金額
代金の支払方法	決済方法
商品の引渡時期	ユーザーが商品を購入してから 何営業日で発送するか
返品について	返品可能期間やその際の送料、 注意事項

そのほかにもＥＣサイトに必要な固定ページは以下の通りになります。

◆必要なページ
・プライバシーポリシー
・利用規約
・お問い合わせフォーム

◆あった方が親切なページ
・初来店ユーザー用のページ
・ショップコンセプト
・ＦＡＱ

たとえば、ＦＡＱページなどはShopifyの固定ページからそのまま作成しようとすると、作成の手間や時間がかかる場合があります。Shopifyにはそんなときにも便利なＦＡＱページ作成専用のアプリも存在しています。

質問文だけ表示し、クリックすることでその回答文を表示させるといったアコーディオンメニューなども Shopify のアプリを使えば簡単に作成することが可能です。ユーザーが利用しやすいページを作成したいけど、そのためにコードを編集することは難しいという方は、アプリの利用を検討してみましょう。

テーマを選ぶ

Shopify では**「テーマ」**と呼ばれるテンプレートを利用することで、簡単にストアの外観を整えることができます。テンプレートといってもその数は大変多く、カスタマイズすることでほかの Shopify で作られたECサイトとデザインがまったく同じになるということはありません。テーマのカスタマイズ方法についても後述します。

ストアを開設したばかりの段階では「Debut」というシンプルな無料テーマに設定されています。

Shopify の公式テーマストアには種類豊富なテーマがあり、テーマごとに異なったスタイルも用意されています。レイアウトや人気順、商品のカテゴリーごとなど、さまざまな方法でソートできます。

テーマの詳細ページではデモサイトやそのテーマのレビュー、そのテーマを使用したサイトなどを見ることができます。ここで類似した商材を取り扱うサイトを参考にしたり、構築したいECサイトの雰囲気に近いものを探したりして導入するテーマを決定してもよいでしょう。

テーマストアでテーマを選んで導入したら、Shopifyの管理画面で**「オンラインストア」→「テーマ名」→「アクション」→「公開」**とクリックしていくことで、初期テーマから導入したテーマに変更されます。テーマは公式テーマストア以外のテーマ販売サイトでも取り扱いがあります。もちろん独自テーマを導入し、完全なオリジナルのECサイトを構築することも可能です。

テーマをカスタマイズする

Shopifyのテーマはコーディングなどの専門知識がなくとも、ドラッグ&ドロップといった簡単な操作でカスタマイズをして、ブランドや商品のイメージに合わせたストアにすることができます。

❶**「オンラインストア」**→**「テーマ」**から❷**「カスタマイズ」**をクリックしてください。

テーマエディタに移動するので、構築したいストアのイメージに合うように画像や文字を追加します。

「セクションを追加」で、動画やテキスト、商品リストページなどさまざまなコンテンツを追加することができます。

また画面左側に並ぶセクションをドラッグすることで、表示する順番も簡単に入れ替えることができます。

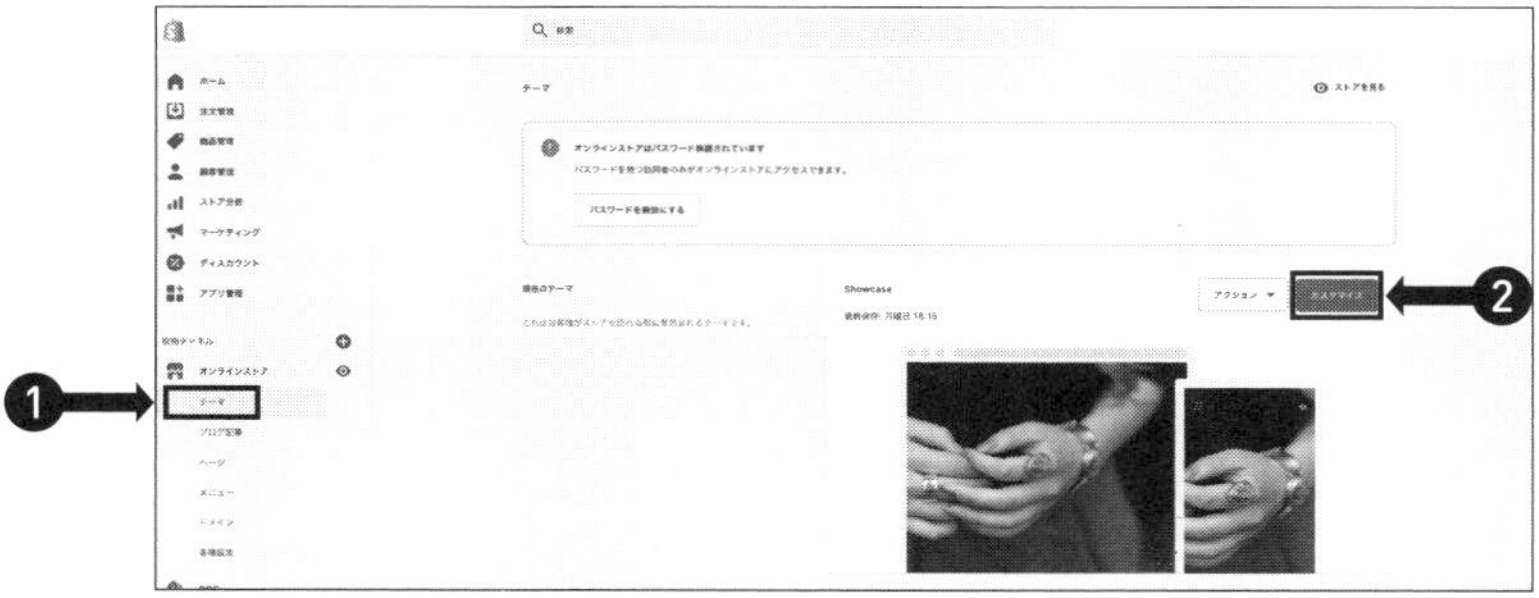

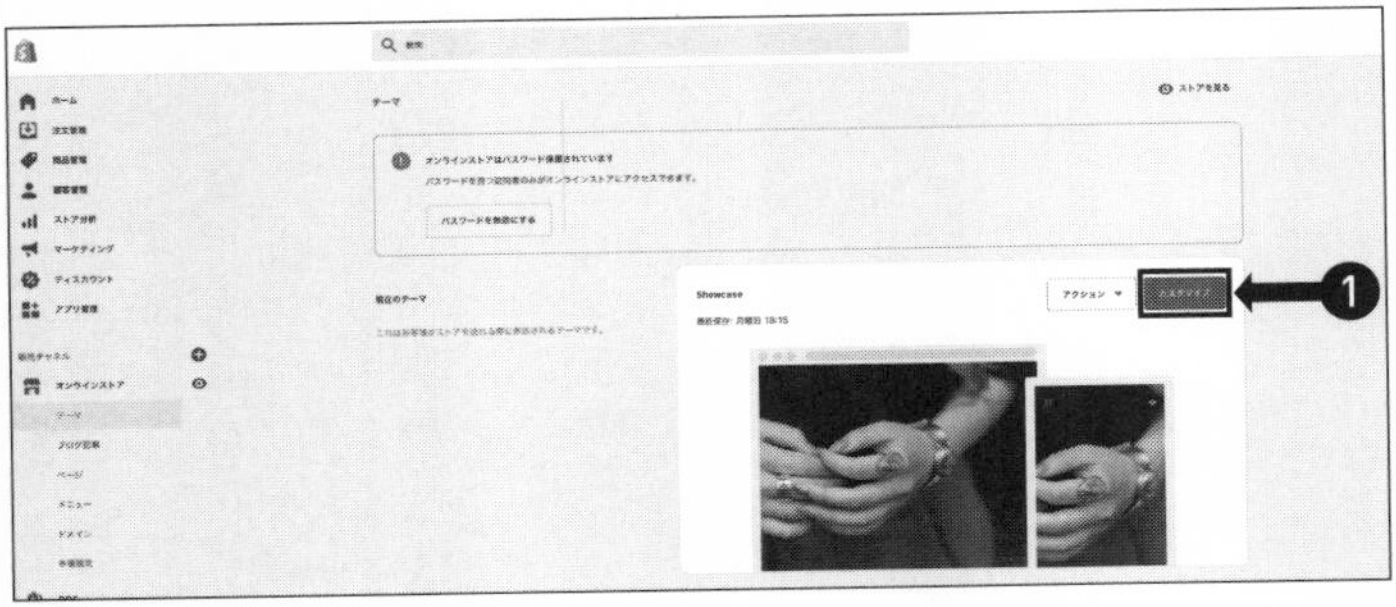
ストアを見る
Showcase
アクション
1

Showcase
ホームページ
Stuff's Blog
Image with text overlay
テーマアクション
2

❶「カスタマイズ」→❷「テーマアクション」から、言語やコードの編集をすることも可能です。

ストアに独自のデザインやシステムを導入したい場合には、このテーマ編集画面から適宜ファイルを編集しましょう。

ファイルの編集にはコーディングの専門知識が必要となるので、その場合には知識のある人にやってもらったり、制作会社に依頼したりすることになります。制作コストがかかることになるので、予算やスケジュールをしっかりと確認してから独自の編集方針を検討しましょう。

送料を設定する

商品を配送する場合には送料がかかります。

Shopifyでは2019年から配送プロファイルという機能を導入し、配送地域や購入時の条件によって送料を変更するといった詳細な送料設定ができるようになりました。

では、実際に、管理画面の送料の部分を見てみましょう。

管理画面の❶**「設定」**→❷**「配送と配達」**を選択します。

続けて、**「送料を管理する」**をクリックします。

初期設定では「国内配送」としてすべての都道府県が一律で1000円で設定されています。

関東の送料を設定してみましょう。国内配送の横の**「…」**をクリックして、**「ゾーンを編集する」**を選んでください。続いて検索バーに**「日本」**と入力して、日本を表示させます。初期設定では47都道府県すべてがチェックされているので、必要な都道府県（関東）以外のチェックを外します。

続いて送料を設定します。

ここでは関東地区の送料は**「700円」**、**1万**

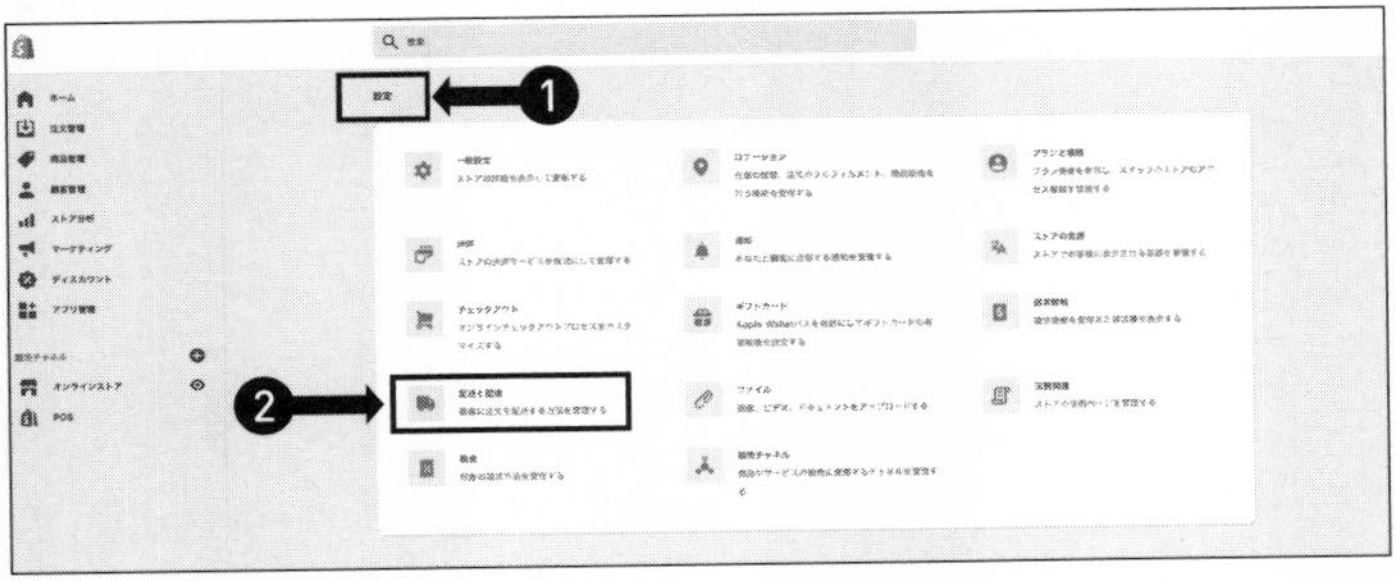

円以上購入の場合は「送料無料」と設定してみます。

関東地区の都県は選択したので、続いて通常配送と書いてある横の**「…」**をクリックして、「送料を編集する」を選択してください。「料金の名前」を決めます。こちらはお客様に表示される文言です。

まずは「700円」の送料から設定していきます。費用に❶**「700」**と入力し、❷**「アイテムの重量に基づく」**を選択します。今回は重さにかかわらず一律で700円なので、❸**「完了」**をクリックします。

もし、重量ごとに送料を変更する場合は最大重量に重さを入力してください。重量は商品編集画面に入力した重さが反映されます。

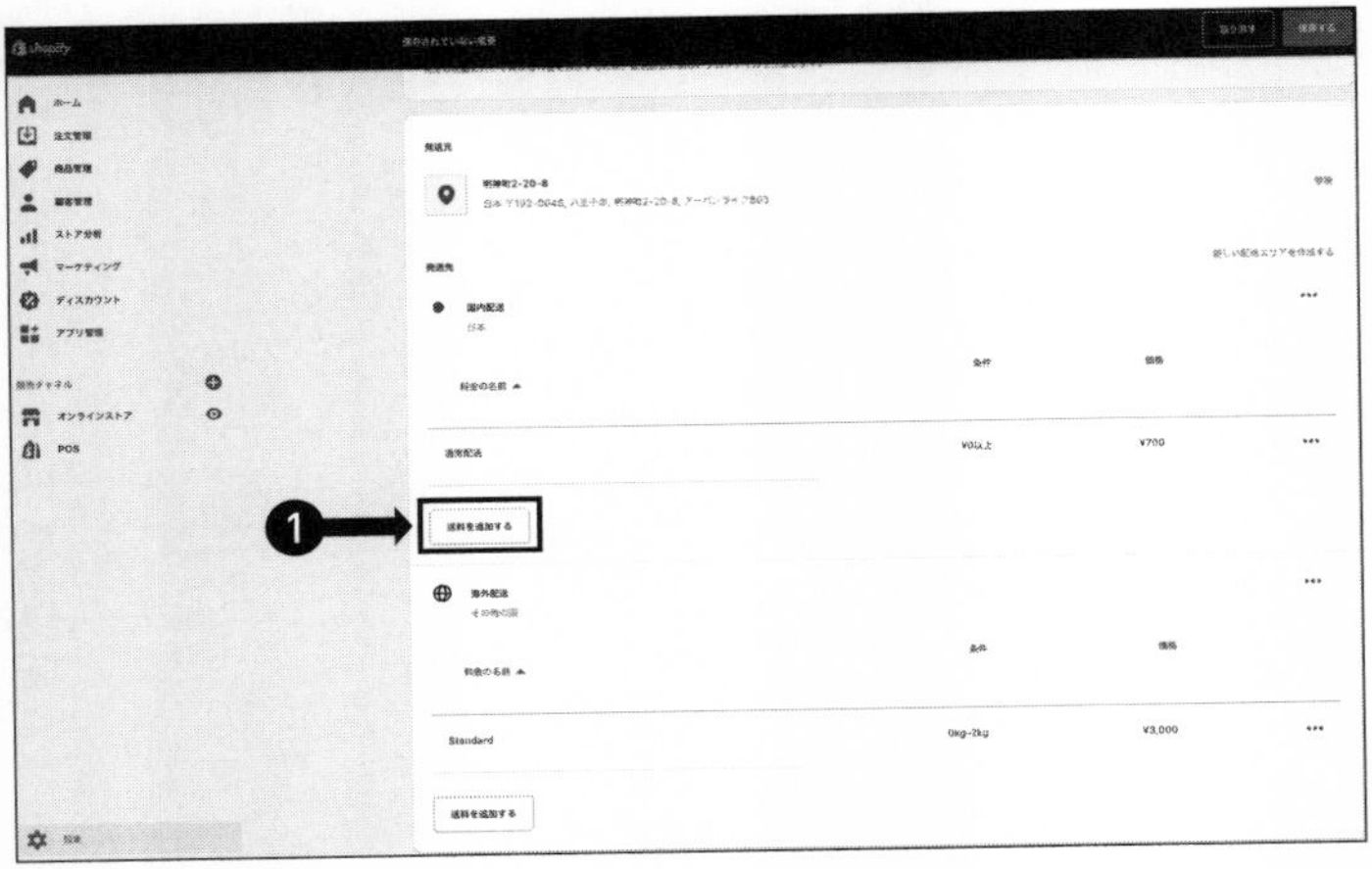
1
POS
¥700
Standard
0kg-2kg
¥3,000

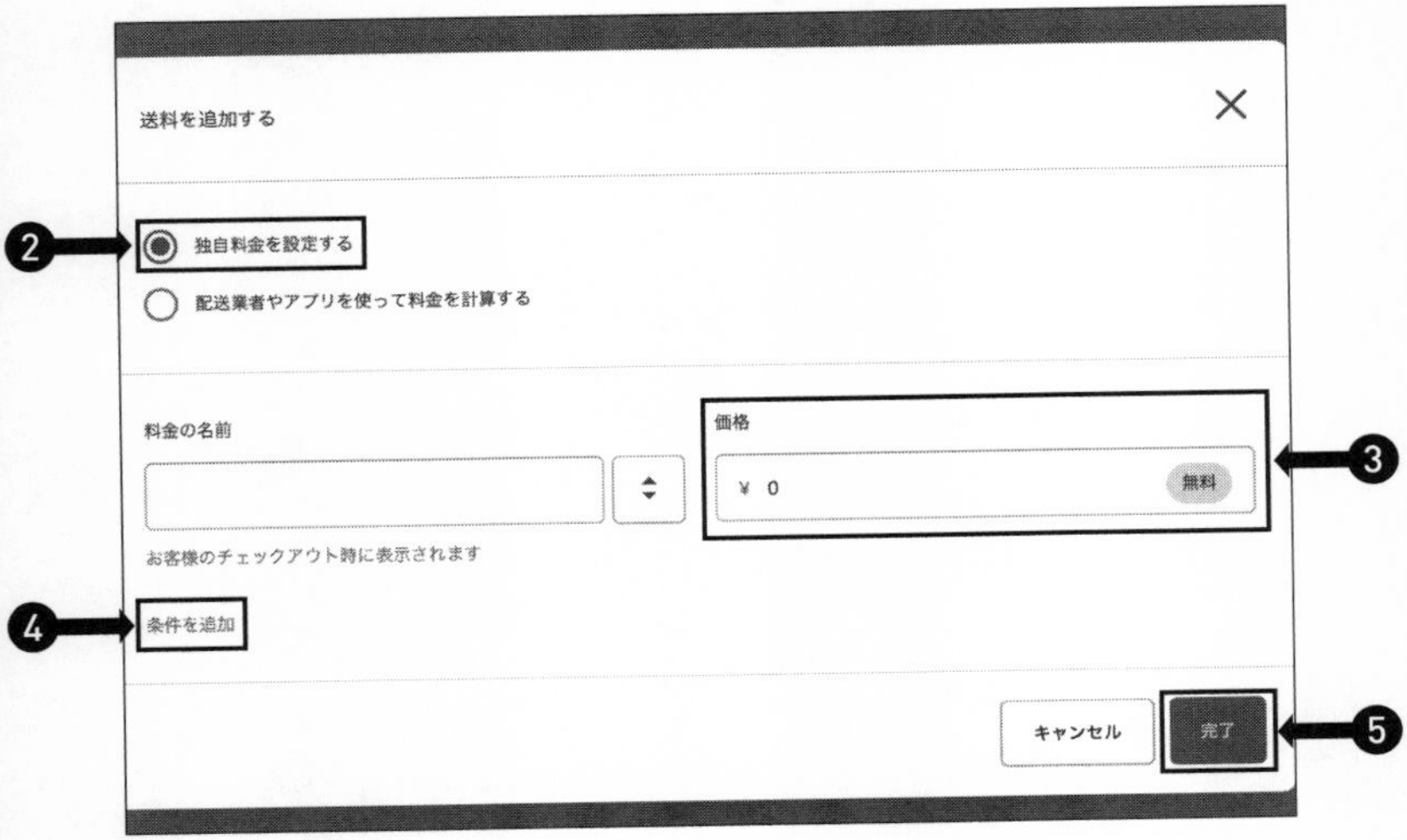
送料を追加する
2
独自料金を設定する
配送業者やアプリを使って料金を計算する
料金の名前
価格
¥ 0
無料
3
お客様のチェックアウト時に表示されます
4
条件を追加
キャンセル
完了
5

続いて必要な場合、一定金額以上の送料無料も設定できます。❶**「送料を追加する」**をクリックしてください。❷**「独自料金を設定する」**から送料の名前を入力し、費用に❸**「0」**と入れてください。購入金額1万円以上を送料無料とする場合、❹**「条件を追加」**をクリックして**「注文額に基づく」**から最低価格に10000と入力してください。

❺**「完了」**をクリックして、送料を設定します。これで関東地区の送料設定が終了しました。日本のほかのエリアの送料を設定したい場合は、**「新しい配送エリアを作成する」**からまた同じ手順を繰り返してください。

Shopifyでは初期設定で世界中に配送できるように設定されているため、海外に配送をしない人は海外配送の横の**「…」**から**「削除」**をクリックしてください。なお、ほかの国の送料も**「新しい配送エリアを作成する」**から国を選択して簡単に設定できます。

商品ごとに異なる送料を適用したい場合

商品によって送料のルールを決めたい（別々の送料を設定したい）場合は、**「配送」**に戻って**「新しいプロファイルを作成する」**をクリックします。

料金の名前を決め、商品を選択します。**「商品を検索する」**をクリックして商品を選択します。商品を選択したら、前述した手順と同じように送料を設定します。新しい配送プロファイルを作成すると、元のプロファイルから商品は削除されるので、送料が二重になる心配はありません。

また、**異なるプロファイルの商品が一括でカートに入れられた場合、送料はそれぞれの送料が加算されます。**ここで設定した通りの状態で関東に配送する場合、Tシャツと独自の送料が300円のブレスレットが同時にカートに入れられたら、送料は「700円」＋「300円」で「1000円」となってお客様に表示されます。

決済方法を設定する

Shopifyでは追加機能を導入しなくても、Shopifyペイメント（クレジットカード決済）やPayPalと連携できます。Shopifyペイメントを使うためには、「設定」から「決済設定」を選択して、「アカウントの設定を完了する」をクリックして、お持ちの口座情報などを入力してください。

Shopifyはプランによって0・5〜2・0％の取引手数料がかかりますが、**Shopifyペイメントは有効化するだけで手数料無料となります。**これはPayPalやAmazon Payの決済でも適用されます。決済手数料はVISA、マスターカードで最安プランである3・4％となります。Apple PayやGoogle Payも利用することができます。

越境ECで海外までリーチさせたい場合には、PayPalを利用することをおすすめします。PayPalは海外での利用率が非常に高い決済方法です。クレジットカードや銀行口座の情報管理についても安全なサポートを行っています。Shopifyのストアで

PayPalを導入する場合にはPayPalのアカウントが必要となるので、アカウントを持っていなければ新規作成しましょう。

Shopifyではほかにもコンビニ支払いや携帯キャリア決済、仮想通貨に対応した決済方法を利用することができます。商品を展開したい国の通貨や手数料などを確認してストアに合ったものを選択しましょう。

独自ドメインを登録する

ドメインとはインターネット上の住所のようなものです。

独自ドメインを設定しない場合、**「(登録時に入力したストア名).myshopify.com」**というドメインになります。せっかくテーマをカスタマイズして独自のデザインのストアを構築しても、このままのドメインでは「仮のドメインを使っている」ということがストアを訪問した人にわかってしまいます。

独自ドメインを設定することで、ユーザーからのストアへの印象が大きく変わります。デザインと同様に、ドメインも独自のものを取得して登録しましょう。

「ストア名.myshopify.com」というShopifyの用意したドメインで試してみたい場合は、以下は初期段階では不要です。

「オンラインストア」→「ドメイン」から、新規ドメインを購入または既存ドメインへの紐《ひも》づけをすることができます。

新規ドメインを購入する場合には**「新しいドメインを購入する」**をクリックします。入力欄に購入したいドメインを入力してください。すでに使用されているドメインは選択することができません。購入できるドメインの中から欲しいドメインを選択し、**「購入する」**をクリックします。

クレジットカード情報や利用規約が表示されたページにリンクします。**「Auto-renew this domain every year」**にチェックを入れるとドメインが1年ごとに自動延長され、Shopifyが1年後に料金を請求し、そのままドメインを使用できるようになります。

利用規約の内容をしっかりと確認し、問題なければ**「Buy domain」**をクリックしましょう。

ドメインの購入が完了すると確認メールが送信されます。ドメインがストアに反映されるまで最大48時間ほど要する場合があるので、すぐに反映されなくとも少し待っていましょう。

すでにShopify以外のサービスでドメインを購入している場合は、**「既存のドメインを接続する」**をクリックします。

入力欄に持っているドメインを入力してください。**このとき「www」などは入力しないようにしましょう。**ドメインを入力したら**「次へ」**をクリックします。

次はドメインを取得したサイトに移動し、手続きを行います。

AレコードをShopifyのIPアドレス**「23.227.38.65」**へ向けます。続いて「www」のCNAMEレコードを**「shops.myshopify.com」**に設定して保存しましょう。

以上が完了したらShopifyに戻って**「Verify connection」**をクリックします。

最大48時間ほどでドメインとストアが接続されます。

すでにShopifyのストア以外のウェブサイトを持っていて、独自ドメインを設定している場合は、Shopifyで新しく作ったストアにサブドメインを設定することもできます。

もともとある**「○○.jp」**というサイトのドメインの前に「△△」というサブドメインを挿入して**「△△.○○.jp」**というような形にすることで、複数のドメインを取得したり管理したりする手間を省くことができます。

サブドメインを設定するために、ドメインを取得したサイトにログインしてください。続いてDNSを設定するページからCNAMEレコードを探してください。サブドメインのCNAMEレコードをshops.myshopify.comに設定し、保存します。

Shopifyの管理画面に戻り、**「オンラインストア」**から**「ドメイン」**をクリックします。**「既存のドメインを接続する」**を選択し、入力欄にサブドメインを入力します。**「次へ」**をクリックし、続けて**「Verify connection」**をクリックします。

これでサブドメインの設定をすることができました。ルートドメインも自動で追加されるので、必要でない方は**「Manage domains」**から削除してください。

プランを選択してストアを公開する

ストアを公開するために、現状の無料プランから有料プランに移行をしましょう。有料プランへ移行するには、**「設定」→「プランと権限」**の画面で、**「プランを比較する」**というリンクをクリックします。3つのプランから選択し、支払い期間と支払い方法（クレジットカードかPayPal）を選択して情報を入力することで、有料プランへ移行できます。

ストアの準備が完了したら、**「オンラインストア」→「各種設定」**で**「パスワードを有効にする」**からチェックを外します。

これでShopifyのストアがウェブ上に公開されたことになります。

いろいろと機能をつけようとしてオープンが先延ばしになるなら、まずはオープンさせることをおすすめします。

あとから機能やページを増やしたくなった場合も、同じアカウントで改善し続けられるのがShopifyの魅力でもあります。決済や配送のアプリ、デザインのカスタマイズなどはまず最低限の機能でオープンさせてからでも遅くはありません。

実際にオープンしてからの方が、「ここはこうした方がいい」「あんな機能があると便利」といったことも見つかってきます。

Shopifyは初心者にも扱いやすいECプラットフォームです。

まずはアカウントを登録し、14日間の無料お試し期間を体験してみましょう。

第 6 章

Shopifyサイト構築におけるトラブル“あるある”解決集

いかにShopifyが優れたサービスとはいえ、
サイト構築にはトラブルがつきものです。
そこで、著者がこれまで解決してきたトラブルの数々を厳選して、
それぞれの解決策をまとめました。

Q クレジットカードではなく銀行振り込みでShopifyの利用料金を支払いたい

PayPalを経由することで、銀行振り込みでShopifyの使用料を支払うことが可能です。PayPalは一時的にお金を預け、そこから利用料などを送金できるサービスです。銀行振込でPayPalにお金を入金し、そこからShopifyに利用料を支払うことができます。

Q サイトを公開したけれどアクセスも売上も上がらない

ＥＣサイトを構築したからといって、すぐにお客様が集まって商品を購入してくれるわけではありません。新型コロナウイルスの流行によって、外出せずに自宅で買い物ができる通販を頼る人が多くなった今の情勢では、特にあらゆる店舗がインターネット上での販売に力を入れています。競合他社が多く存在している中で集客していくには工夫が必要です。

集客力がある大手モールに出店するのとは異なり、まずはインターネット上にある数多くのサイトの中から「こんなサイトがあるんだ」と知ってもらわなければ、購入してもらうこともできません。

ＥＣサイトの集客には、①ＳＥＯ対策、②ブログ、③ＳＮＳ運用、④広告出稿などの手段があります。広告出稿以外は予算をかけずともすぐに行うことができますが、試行錯誤や継続が必要になります。

早く売上を上げたい場合は、Google等へのリスティング広告出稿を検討してみましょう。Shopifyは検索エンジンからの流入を増やすＳＥＯ対策に力を入れており、専門知識がなくても細かい設定が可能です。

また、商品やブランドのこだわりを伝えて興味を持ってもらったり、ブランドのターゲットにとって役に立つ情報を提供することでファンになってもらうブログ機能も充実しています。

魅力を伝える点ではブログと同様ですが、コミュニケーションが取りやすく、印象的な画像などで瞬間的に目を引くことができるSNSとの連携もShopifyなら簡単に実現できます。Twitterなどのブログより閲覧のハードルが低いため、まずはSNSに商品情報などを投稿し、そこからネットショップへ誘導しましょう。マーケティングにも活用でき、少しずつでも取り組んでみるのがおすすめです。

アフィリエイトを利用する手もあります。アフィリエイトとは、アフィリエイターと呼ばれる人に商品紹介や口コミをその人のブログで書いてもらい、そのブログの読者に商品を購入してもらえたら報酬を与えるという成果報酬型の広告のことです。

Shopifyであれば「Affiliatly Affiliate Marketing」やハックルベリー社の「アフィリエイト連携」などのアプリでストアへのアフィリエイト機能の実装や、アフィリエイターの管理が可能となります。

Q アプリを実装しようとすると英語が必要？

Shopifyのアプリの中には日本語に対応しており、日本語によるサポートを受けられるものもあります。しかし、導入したい機能によっては英語にしか対応していないアプリも多く存在しているのも事実です。操作がシンプルなものであれば直感的に操作することも可能ですが、詳細な設定を必要とする場合は説明文が英語で表示されているものもあるので、簡単な英語は理解できた方がいいでしょう。

どうしても難しい場合は、英語によるサポートへの対応も代行している制作会社に依頼するという手もあります。

Q どんな制作会社に依頼すればいい？

Shopifyでの EC サイト制作を行う会社や、個人事業主は「Shopifyパートナープログラム」を利用しています。Shopifyパートナープログラムとは、制作会社が店舗運営者を円滑にサポートするための仕組みです。

特に、一定数の実績のあるShopifyパートナーは、審査によってShopifyエキスパートに選ばれます。Shopifyエキスパートはストアのセットアップだけでなく、マーケティングやデザインなど、それぞれの得意分野があります。特に新規のセットアップで、どの制作会社に依頼すればよいか迷ったら、Shopifyエキスパートを選ぶとよいでしょう。

Shopifyでの EC サイト制作はざっくりウェブ制作会社、オフショア開発会社、個人事業主・フリーランスの中から依頼することになります。

一般的にはウェブ制作会社に依頼することが多いでしょう。ウェブサイトの制作に慣れており、企画や制作の段階でもっとも信用ができるといえます。相談などのやりとりも慣れた担当者が対応してくれるため、コミュニケーションも取りやすくなっています。デメリットとしては、制作費が高くなることが多い点が挙げられます。

オフショア開発会社とは海外のエンジニアを雇って低価格で開発を行っている会社です。国内のエンジニアと同等の高いスキルを低価格で提供することができます。システム開発に関しては期待できるでしょう。しかし、現場とは言語の壁や時差などがあるため、コミュニケーションコストが高くなります。

個人事業主・フリーランスに依頼する場合には、制作する本人とそのままやりとりできることがあります。また、大きな企業に依頼するときよりも低価格で済ませることもできます。ただし、その実績やスキルが確かなものであるかは事前の面接等でしっかりと確認しておく必要があります。

制作したいサイトに必要な技術や用意できる制作費に合わせて依頼先を決めましょう。

Q

導入したい機能ごとの制作費はどれくらい？

まずはShopifyのプランによる料金が追加されます。初回とリピーターのお客様の比較や国別データなどが見られるプロフェッショナルレポートや、マーケティングに役立つ独自のレポートを作成できるカスタムレポートビルダーなどを利用したい場合には上位のプランにする必要があるので、その分の費用がかかることになります。

さらに機能を追加する場合にはアプリを導入することになるので、制作費はアプリの費用分が追加されることになります。機能が類似したアプリでも料金は異なるので一概にいくらとは言い切れません。同じアプリでも複数プランが用意されているものもあり、多くの機能を求めるほどに高額なプランを選択する必要があります。

無料のアプリや無料プランのあるアプリ、使った分だけ料金が加算されるアプリもあるので、機能だけではなく使い勝手やサポート体制も含めて事前に調査をして適切なアプリを導入していきましょう。

Q ECサイトを始める前に用意するものは？

まずはECサイトで販売するものを用意しておきましょう。商品がなければ販売することはできません。在庫を抱えずともドロップシッピング（商品の発送を製造元や卸元が直接行う方法）を利用することで倉庫から直接ユーザーに商品を届けることもできますし、オンデマンド印刷ではオリジナルデザインを用意しておけばそのデザインのTシャツやマグカップなどのグッズを販売することができます。また、Shopifyではアプリを利用することでダウンロードコンテンツを販売することも可能です。

どのようなサイトにするか、ページ構成も立てておきましょう。トップページのメニューから商品ページやブログページ、固定ページにリンクする、ブログページから紹介した商品ページにリンクする、などといったページ同士の関係を考えておくとサイトマップが作りやすくなります。

事前にしっかりとページ構成を考えておくと、サイトを訪問したユーザーも戸惑わずに商品購入に至りやすくなります。もしも購入にまで至るユーザー数が伸び悩んだときも、ページ構成を見直して改善することが容易になります。

Q すでに別のサービスで制作したECサイトを持っているがShopifyに乗り換えることはできるか?

BASEやストアーズなど、すでに別のプラットフォームでECサイトを持っている場合でもShopifyに乗り換えることが可能です。

旧ストアが対応している場合、専用の移行アプリ(Cart2Cartなど)を使うことで簡単に乗り換えができます。

アプリ等が対応していない場合、旧ストアからCSVを取得し、Shopifyの仕様で書き換えてインポートすることで移行することが可能です。Excelifyというアプリを使うことでCSVからの導入をより簡単に行うこともできます。また、Shopify Plusならば Transporter アプリを使って商品、顧客、注文記録のデータをインポートすることが可能です。

既存のプラットフォームからShopifyに乗り換えることのメリットとしては、手数料が安い、機能が豊富、カスタマイズ幅が広いといったことが挙げられます。

Shopifyは初期費用も維持費も低コストで済ませることができるので、商品を販売して得られた売上のうち純粋に手元に残る分をより多く得られることになります。

売上が大きくなればなるほど手数料を抑えることが重要となってくるので、どんな規模の企業であってもShopifyを利用するメリットとなります。

また、Shopifyはデフォルトで分析機能やマーケティング機能が備わっています。ストアの改善をするのにもコストをかけずにできます。そして、カスタマイズできる範囲が広いので、自分である程度コードやシステムを編集できる人にとっても満足のいくストアを構築することができます。

Q スマホでの販売をメインにしたい

Shopifyはスマホメインのｎ ＥＣサイトにも対応しています。テーマストアのデモサイトもＰＣからの見え方とスマホからの見え方を確認することができます。テーマエディタでストアの外観を編集するときにも、スマホやタブレットでの見え方を確認しながら作業を行うことが可能です。スマホメインで販売をしたいという方も安心してShopifyを利用してください。

また、ユーザーだけでなく、運営する方もスマホからストアの管理画面を操作することができます。ブラウザだけではなく、App StoreやGoogle PlayにはShopifyのスマホアプリもあるので、インストールすれば簡単にスマホで注文や在庫の管理なども行うことが可能です。

Q 海外への配送がちゃんとうまくいくか不安

海外に配送する際は国内に配送するときよりも注意すべきことがいくつかあります。まず、当然ですが商品がユーザーのもとに到着するまでに時間がかかります。遠い国であるほど時間がかかるほか、相手の国の情勢によっても変わってきます。特に新型コロナウイルスのような影響を全世界規模で受けた場合、相手国や中継地点の状況がどのようになっているのか、事前に調べておく必要があります。

次に注意する点として、海外の配送業者は日本の配送業者と比較して荷物の取り扱いが乱雑な傾向があるということが挙げられます。商品が割れ物や精密機械であるときの注意書きも、日本国内であれば適切に対応してくれますが、海外だと見逃されることもあります。したがって、海外に商品を配送する場合には国内に配送するときよりも緩衝材を加えるなどといった工夫をし、しっかりと対策しましょう。

そして、海外に商品を配送するときには関税がかかります。商品やその商品を送る国によって、関税手続きに必要な書類や費用が変わるため、事前に把握して準備しておきましょう。また、関税の支払いがユーザー側の負担となることもあるため、そのときには適切に伝えておきましょう。

海外への配送は国内への配送と比べて手間や時間がかかります。しかし、Shopifyで海外への配送を行う場合には、アプリを利用することで作業が格段に楽になります。たとえば**「Ship&co」**というアプリは簡単に送り状やインボイス、納品書の作成を行うことができます。国内配送も日本郵便、佐川急便、ヤマト運輸と主要な配送業者に対応しています。日本の制作会社が制作したアプリなので、日本語によるサポートを受けることも可能です。

また、同じく日本の制作会社である「Lunaris」が制作した**「Easy Rates Japan Post」**や**「Easy Label Japan Post」**も海外への配送を手助けしてくれるアプリです。「Easy Rates Japan Post」では日本郵便の配送料を自動計算し、チェックアウト画面に表示します。「Easy Label Japan Post」は配送ラベルを簡単に作成するアプリです。これらは海外配送に日本郵便を利用する方におすすめなアプリとなっています。

Q 欠品表示はどうしたらよいか？

欠品時に、在庫を0にするか、入荷待ちにするか、非表示にするかは商品の仕入れ状況などによって、運営者が悩むところです。

「Pre-order Now」というアプリは基本的に商品の予約販売に利用するものです。しかし、これを利用することで在庫切れの商品の「カートに入れる」ボタンを「予約する」という表示にすることが可能となります。

「Back in Stock」というアプリではユーザーに商品の再入荷通知を送信することもできます。

在庫切れの商品を非表示にする場合はコレクションを利用します。

まずは商品の在庫追跡を有効にしておきます。各コレクションの自動コレクション条件を次のようにします。

「商品の条件合致」で「すべての条件」を選択します。条件は「在庫個数」「より大きい」「0」を選択して入力します。これは自動コレクションに在庫切れ商品を含まず、在庫切れ商品がユーザーに表示されないということになります。在庫切れ商品は入荷後に再びコレクションに表示されます。

また、Shopifyには在庫切れの商品を非表示にすることのできるアプリもあります。

Q 海外からの支払いはどのように確認するか

越境ＥＣで商品を購入するユーザーの多くが利用しているのがPayPalです。PayPalは世界で3億人以上が利用している決済方法です。PayPalは、クレジットカードや銀行口座を登録したらＩＤとパスワードだけで決済手続きができます。PayPalはＥＣサイトとユーザーの間の仲介をしています。ユーザーにとっては海外のＥＣサイトでもカード情報などを登録せずに済み、ＥＣサイトにとっては固定費をかけずに速やかな入金を確認できるので、双方にとって安心できるサービスとなっています。

また、特に中国のユーザーが使うAli Pay等の決済方法に対応することで、より多くのユーザーを取り込むことができます（現在、Ali Pay中間決済システムを導入することで対応可能です。本記事執筆時点でShopifyとAli Payとの連携が一部報道されています）。

Q 支払いをキャンセルして返金するには

Shopifyの管理画面でキャンセルすることができます。「注文管理」からキャンセルしたい注文の注文番号を選択してください。「その他の操作」→「注文をキャンセルする」をクリックします。

注文をキャンセルしたときに支払いが確定されていた場合、デフォルトではユーザーに全額返金することになっています。一部返金を行う場合は商品数量ボックス、配送フィールド、または返金合計フィールドを使用して返金額を調整してください。注文にクーポンコードが適用されていると、ユーザーが支払った以上の返金が可能となってしまうため、注意して調整しましょう。

注文をキャンセルしたときに支払いが確定していない場合には支払いは無効となり、料金は回収されません。

Q 運用開始後の維持費はどれくらいか

Shopify でECサイトを運営していく際に必要な経費といえば、まずは Shopify のプランに応じた費用がかかります。有料アプリを導入していれば、その分も加算されます。なお、Shopify のプランは年間契約にすることでそれぞれ料金が割引されます。アプリの中にも年間契約することで費用を安く済ませることができるものもあります。

ストアを運営している途中で改善や更新をしたくなったときに、自社ではなく制作会社に依頼する場合には、別途料金が請求されます。ブログ等の更新のみなのか、ランディングページなど独自のページを一から制作してもらうのか、アプリの操作を代行してもらうのか、その他依頼内容によって料金は変わるので、制作会社とやり取りして確認しておきましょう。

決済手数料は上位のプランほど下がっていきます。さらにShopifyペイメントを利用することで、クレジットカードの手数料以外はかかりません。VISAやマスターカードのほか、Apple PayやGoogle Payとも連携できるお得な決済方法となっています。

Q ユーザーからのお問い合わせの対応

ユーザーが商品について不明点があったり、配送された商品に不備があったりした場合にストアにお問い合わせできるようにしておく必要があります。

Shopifyでユーザーからのお問い合わせに対応する方法として、まずサイト内にお問い合わせページを作っておきます。お問い合わせページは固定ページで作成します。

Shopifyの管理画面で**「オンラインストア」→「ページ」**と移動し、**「ページを追加」**で固定ページの新規作成をします。**「テンプレート」**で**「page.contact」**を選択して保存することで、フォーム付きのお問い合わせページを作成することができます。デフォルトでは名前、電話番号、メールアドレス、お問い合わせ内容の入力欄が表示されます。もしも項目を増やしたり、必須項目の設定をしたい場合は**「オンラインストア」→「テーマ」→「カスタマイズ」→「コードを編集する」**で**「page.contact.liquid」**というファイルを編集する必要があります。これはＨＴＭＬの知識がある方が行いましょう。

もちろんお問い合わせを作成するShopifyアプリもあります。お問い合わせフォームだけでなく、会員登録フォームやアンケートフォームが作成できるもの、デザインをカスタマイズできるものなどさまざまなアプリがあるので、機能や利用料を事前に調査して何を使うのかを検討しましょう。

お問い合わせフォームから来たメッセージにはメールで返信することができます。個人の問い合わせに丁寧に対応していき、ストアに改善の必要があると気づいた場合にはそれを反映させることで、ユーザーに信用されるストアとなっていきます。

また、リアルタイムでもっと気軽なやり取りをしていきたい場合には、チャット機能を取り入れるという方法もあります。

ストアのページ下部にチャット開始ボタンを設置することで、ユーザーとチャット対応の担当者が直接やり取りできるようになります。アプリによってはチャットボタンを表示するページを設定したり、あいさつのメッセージを添えてユーザーがチャットを利用しやすくしたりすることも可能です。チャットボタンを表示する時間帯を設定できるアプリもあるため、営業時間の間のみチャットに応じる仕様にすることもできます。

Q 商品発送に時間がかかってしまう場合は？

まず、商品の発送にかかる時間は特定商取引法に基づく表記の中に記載しておきましょう。商品や配送に関する注意事項をあらかじめしっかりと記載しておくことは、ユーザーとのトラブルを未然に防ぐことにつながります。

日本国内で作られた**「配送日時指定」**というアプリでは、ユーザーが指定できる最短日時を設定することができます。

Q ストアを何度も利用してもらうには？

ＥＣサイトを利用する新規ユーザーを獲得するために広告を出したりＳＮＳで宣伝したりすることは重要です。しかし、その後、繰り返し利用してもらうことも利益を上げていく点で必要なことです。一度利用してくれたユーザーを再度呼び込むことは新規ユーザーを獲得するよりもコストがかかりません。リピーターを増やせる方法をいくつかご紹介します。

①ストアに会員登録してもらう

まずは、ストアに会員登録できる設定をしましょう。Shopify では管理画面から**「設定」→「チェックアウト」→「顧客アカウント」**で、ストアで商品を購入する際にアカウントを作成する必要があるかどうか設定できます。

会員登録することで、お客様側には「購入履歴や出荷状況にアクセスでき、次回以降の住所入力などの手間が省ける」というメリットがあります。

会員登録してもらうことによる運営側のメリットとしては、新商品のお知らせやキャンペーン情報などをメールで送信できる点です。会員登録してくださったお客様は、少なからず今後も購入する可能性があるので、お客様の購入履歴に基づいた内容を送付するなど工夫をしてみましょう。

②メール一括配信アプリを利用する

Shopifyには「Shopify Email」というアプリがあります。このアプリはShopifyが提供しており、顧客データを利用したメールマーケティングが可能となります。Shopifyのデザインと同様に、テンプレートが用意されているため、作成が短時間でき、カスタマイズすることで独自性を加えることも容易です。その他のメール一括配信アプリとして、顧客情報に細かなセグメントができるKlaviyo、配信フローを自動化できるOmnisendなども人気です。

③ロイヤリティプログラムを実施する

ロイヤリティプログラムを行うこともリピーターを増やす手段です。ロイヤリティプログラムとは、ストアを利用してくれるユーザーに愛着や信頼感を持ってもらい、競合他社ではなく繰り返しストアを利用して商品を購入してもらうようにするための施策のことです。

購入する際に、その後の買い物で値引きをするために利用することのできるポイントを付与する **「ポイントプログラム」** もロイヤリティプログラムの一種です。ほかにも商品サンプルの提供や、新商品の先行販売、送料や返品の無料、誕生日限定セールなど、会員に特別感を味わってもらえるような取り組みを行っていきましょう。

Shopifyならば、ポイントプログラムを導入する場合には **「EasyPoints」**、そのほかロイヤリティプログラムを導入する場合には **「Bold Loyalty Points & Rewards」** や **「Loyalty, Rewards & Referrals」** といったアプリがあります。

「Bold Loyalty Points & Rewards」 は海外で作成されたアプリですが、言語翻訳を行うことができるので日本語でも利用することが可能です。

「Loyalty, Rewards & Referrals」は多言語アプリ「Langify」と連携することができるので、多言語対応ストアに利用できるロイヤリティプログラムアプリです。無料プランでもプログラムを利用できるユーザー数に制限はありません。

④カスタマーサポートを強化する

ユーザーからの信頼を得るために、カスタマーサポートの強化もしましょう。ライブチャットやヘルプデスクを利用することで、リアルな店舗と同様にユーザーの疑問点を素早く解決することができます。たとえ問題が発生しても、問い合わせから迅速な対応をすることでストアの信頼度は上がり、ユーザーから再び利用してもらえることになるのです。

これらのほかにもギフトカードの贈呈、ユーザーのSNS投稿のシェア、お礼状やメッセージを添えるなど、リピーターを増やす手段は多岐にわたります。

Shopifyのスタンダードプラン以上であればギフトカードを作成することもできますし、商品のレビューをSNSに投稿してくれたユーザーにポイントやクーポンを発行するという方法もあります。

商品の配送時に、梱包の中に簡単なお礼のメッセージの手紙やカードを入れるだけでも印象が格段によくなるのでおすすめです。

技術編

Q お客様に送信するメールアドレスを変更したい

お客様に送るメルマガや商品の購入確認、発送通知などのメールアドレスは、初期段階ではShopifyに登録したものとなっています。Shopifyでは、お客様の受信画面に表示されるこのメールアドレスをストア独自のものに変更することも可能です。まず、Shopifyの管理画面から**「設定」**→**「一般設定」**を開きます。

次に、**「ストアの詳細」**の中にある**「お客様のメールアドレス」**の欄に、任意のメールアドレスを入力します。設定変更を加えると**「保存」ボタン**が表示されるので、クリックして保存します。これでお客様に送信するメールアドレスの変更が完了します。

Q アプリをいくつも入れたらうまく表示されなくなった

アプリは多く入れ過ぎるとサイトが重くなったり、プログラムがバッティングして正常な動作ができなくなることがあります。便利そうだからという理由で必要以上にアプリを入れている場合には、不要なアプリは削除しましょう。

必要なアプリ同士で問題が起こった場合には、機能が類似している別のアプリに変えてみましょう。

Shopify のアプリは無料トライアル期間が設けられているものが多いので、その期間中に動作を確認しておくこともできます。

Q 実際のドメインでサイトがどう動くのか確認したいけれどまだ公開したくない

Shopifyではストアにパスワードをかけて、パスワードを知っている関係者のみが閲覧できるように設定することができます。

まずShopifyの管理画面から**「オンラインストア」**→**「各種設定」**を開きます。次に**「パスワード保護」**の項目でストアの閲覧用パスワードの設定をします。**「パスワードを有効にする」**にチェックを入れます。その次は**「パスワード」**の欄にストアの閲覧に必要なパスワードを入力して設定します。

「ストア訪問者へのメッセージ」には、公開前にストアに訪れた人に表示したいメッセージがある場合にそのメッセージを入力します。これは、たとえば事前にストアのURLを告知しておき、リリースまでにユーザーの期待感を高めるためのティザーサイトを設ける場合などに利用します。

Q CSVで管理したいけれどフォーマットが日本向けではない

Shopifyで利用するCSVのフォーマットは、姓名の順序が日本とは逆になっていたり、都道府県がコードで表示されたりと、日本の文化に親しんでいる方からすると使い勝手に不便を感じるものになっています。

Shopifyではアプリを利用することでそういった不都合を解消することができます。たとえばフラッグシップ合同会社が制作した「**Japan Order CSV**」というアプリでは、国内の受注データのCSVを、文字化けさせることなくExcelで出力させることができます。

アプリをインストールしてCSVの設定をすれば、ワンクリックするだけで任意のCSVフォーマットを出力することができます。

このアプリを利用することで、ヤマト運輸、佐川急便、日本郵便といった国内で配送する際に多く利用されるサービスのフォーマットのCSVを出力することも可能です。ほかにも代引き手数料や配送日時指定の自動反映に対応するようになっています。

このアプリには30日間の無料トライアル期間もあるため、一度インストールしたらCSVフォーマットがどのように出力されるのか確認してから本格的な導入を検討することも可能です。

Q きちんと購入できるかテストしたい

Shopifyでできる購入テストのうち、ここではShopifyペイメントを利用した方法をご紹介します。Shopifyペイメントの設定をテストするには、テストモードを有効にし、テスト用のクレジットカード番号を使用して決済をシミュレートできます。

Shopifyの管理画面から**「設定」→「決済」**を開きます。**「Shopifyペイメント」**の**「管理」**をクリックし、Shopifyペイメントの設定画面をスクロールしていくと**「テストモード」**とあるので、**「テストモードを使用する」**にチェックを入れます。**「保存」**をクリックします。

成功したクレジットカード取引のシミュレーションを行う場合は、チェックアウト画面でクレジットカード情報を入力する際に次の情報を使用します。

- カード番号：左の表のクレジットカード番号を調べたい会社ごとに入力します。
- セキュリティコード：3桁を入力します。
- 有効期限：将来の日付を入力します。
- カード名：少なくとも単語を2つ入力します。

失敗したクレジットカード取引のシミュレーションを行う場合は、チェックアウト画面でクレジットカード情報を入力する際に次の情報を使用することで、各エラーメッセージの表示を確認することができます。

- カード拒否：クレジットカード番号 4000000000000002
- 不適切なクレジットカード番号：クレジットカード番号 4242424242424241

カード会社	クレジットカード番号
Visa	4242424242424242
Mastercard	5555555555554444
American Express	378282246310005
Discover	6011111111111117
Diners Club	30569309025904
JCB	3530111333300000

・異議が申し立てられた取引：クレジットカード番号
4000000000000259
・無効な有効期限の月：13などの無効な有効期限の月
・無効な有効期限の年：過去の有効期限の年
・無効なセキュリティコード：2桁のセキュリティコード番号

Q「ストアの中に英語で表示されている箇所があるので直したい」

Shopifyの翻訳アプリを利用しても翻訳しきれていない箇所がある、もしくは不自然な日本語になっているという場合もあるでしょう。その場合、対象箇所を個別に修正することができます。

「オンラインストア」→「テーマ」→「カスタマイズ」→

「言語を編集」から言語の編集画面を開きます。

カテゴリーごとにタブがあるので、編集したい箇所の文言を変更します。翻訳だけでなく、日本語の表現を変えたいという場合もここで編集することができます。文言を編集したら**「保存する」**をクリックして完了です。

Q 一度作ったストアのデザインを変更したい

Shopifyでは後からデザインを変更することも可能です。テーマを変えずにセクションを追加、もしくは削除したり、並び替えることももちろんできます。

テーマを変えたい場合にはテーマストアでテーマを選び、管理画面の**「オンラインストア」**→**「テーマ」**で利用したいテーマの**「カスタマイズ」**でテーマエディタを編集しましょう。新しいテーマを編集したら**「アクション」**→**「公開する」**でストアにデザインが反映されます。

Q 固定ページへのリンクの設置方法

特定商法取引法に関する表記やプライバシーポリシーなどの固定ページを作成したら、ユーザーがそのページにリンクできるようにしましょう。

管理画面の**「オンラインストア」→「メニュー」**でストアに表示するメニューを追加することができます。

ヘッダーなどにリンクを設置する場合は**「Main Menu」**を選択します。**「メインメニューを追加」**をクリックすると、メニューに表示する名前とリンク先を設定することができます。固定ページの場合は**「ページ」**を選択し、リンクさせたいページを選択しましょう。

メニュー項目はドラッグ&ドロップで順番を入れ替えることもできます。また、サブメニューを作成することも可能です。

Q ウェブで商品が検索されたら上位に表示されるようにしたい

ユーザーがGoogleやYahoo! Japanなどで商品名を検索したときに、類似商品を取り扱っている他社のサイトよりも上位に表示されていればクリックされる可能性が高くなります。検索したキーワードとの関連度や信頼性も高いと判断され、そのまま商品を購入してくれるユーザーも少なくないでしょう。

商品が検索されたときに上位に表示されるためには「SEO対策」を行う必要があります。SEOとは日本語で「検索エンジン最適化」という意味です。

Shopifyは SEO対策もしやすいと評価されています。Shopifyでプランに関わらずデフォルトでできるSEO対策は以下の通りです。

◆ストア全体に対して

・タイトルタグ（ストア名）

・メタディスクリプション（サイトの説明）

◆コンテンツ（商品、ブログ記事、コレクション）ページに対して

・タイトルタグ
・メタディスクリプション
・ＵＲＬ
・画像ファイル名とalt属性

タイトルタグは、サイトや商品の「題名」であり、サイト内容や商品についてわかりやすく端的に表したものとなります。

たとえば、Shopify公式サイトのトップページは「Shopifyでネットショップを作ろう――ＥＣサイト構築を無料体験」となっており、検索サービスの結果画面にはこのタイトルが一覧で表示されます。

タイトルタグを決める際のポイントは次の３つです。

①お客様が何を入力したときにページを表示させたいか予想して検索キーワードを決める。キーワードは文頭に置くことで閲覧者の目に止まりやすいです。
②独自性があり、クリックしたくなるタイトルにする。
③30文字前後にする。

メタディスクリプションはサイトの概要を説明した文章のことです。タイトルを補足する形で、サイトをわかりやすく説明するためのもの。メタディスクリプションは、検索結果画面でどのページを閲覧するかユーザーが決める際に重要な役割を担っているため、しっかり設定することが望ましいです。
メタディスクリプションを決める際のポイントはつぎの2つ。

①PCなら120文字程度、スマホなら90文字前後にする。
②タイトルタグと整合性があり、補足する形になっているか。

コンテンツを追加する場合には**URLの末尾**も編集することが可能です。この部分のことを**ハンドル**といいます。編集せずともタイトルが自動的にハンドルになりますが、特に日本語の場合だと見る人の環境によっては表示されずに長い英数字や記号に置き換えられます。ハンドルは半角英数字でわかりやすい単語などを入力するようにしましょう。複数の単語や数字を使う場合には「-（ハイフン）」や「_（アンダーバー）」を使いましょう。

サイトで使用する画像のファイル名やalt属性（代替テキスト）にもSEOは効きます。Googleは画像のalt属性によって、ユーザーにとって有用がどうか判断しています。alt属性をしっかりと設定することで、視覚障害のあるユーザーにもテキストが読み上げられてそのページの内容を把握しやすくなります。

ShopifyにはSEO対策に向けたアプリもあります。

「SEO Manager」というアプリは現在英語のみの対応となっていますが、Shopifyのストア内のエラーやリダイレクトチェックなどをしてくれます。タイトルタグを一括で編集できたり、このアプリひとつでSEO対策を幅広くカバーしてくれます。

「Plug in SEO」というアプリも人気です。こちらはSEO上の問題点を見つけ、解決策を提示してくれるアプリとなっています。

巻末付録 ShopifyとECサイト制作用語集

ECサイトを1から始める、学びながら進めていく場合、頼りになるのはインターネットでの情報です。ウェブの情報を閲覧していく際、どうしても引っかかってしまうのが専門用語。本書の巻末に誰もがつまずきやすい用語集を用意しました。日常用語と同じ表記でも、ITやウェブではちょっと違った内容を指す場合もあります。サイト構築時にドキュメントなどを読み解く際に、お役に立てばうれしいです。

チェックアウトとは

▼チェックアウトとは、決済のことです。

ECサイトを利用したユーザーは、買いたい商品をカートに入れたあとにチェックアウト画面に進みます。この画面では商品の金額や送料、手数料などを合わせてユーザーがいくら支払うのか確認することができ、その支払い方法を選択します。

金銭のやり取りに関する重要なページなので、ユーザーにとってわかりやすく、正確な数値が出るようにする必要があります。

Shopifyではほとんど自動的にチェックアウトページが作成されており、むやみに変更できる箇所もほとんどないため、ユーザーと運営双方にとって安心な設計になっています。アプリによってはストア独自の追加の手数料を表示させることもできます。

オーダーとは

▼オーダーとは、注文のことです。

Shopifyではユーザーが商品を購入すると、注文管理画面にオーダーが追加されます。ユーザーの支払い状況や商品の発送状況によってオーダーを選択し、処理状況を編集することができます。

マーチャントとは

▼マーチャントとは、ＥＣ業界では「店舗・店主」という意味です。

Shopifyではマーチャントが Shopify パートナーに依頼してストアを構築することも多いです。Shopify パートナーが構築したストアの所有権をマーチャントに移行することでマーチャントはストアを開設して運営していくことができます。

ＣＶＶとは

▼ＣＶＶとは、クレジットカードのセキュリティコードのことです。

ＶＩＳＡ、マスターカード、ＪＣＢ、ダイナーズクラブ、ディスカバーの場合はクレジットカードの裏面に３桁の数字が記載されています。７桁の数字が記載されている場合は下３桁がセキュリティコードとなります。アメリカン・エクスプレスはカードの表面に４

桁のセキュリティコードか記載されています。

エンドユーザーとは

▼エンドユーザーとは、一般顧客のことです。実店舗やECサイトで商品を購入したのちに、仕入れた商品をさらに販売することなく実際に使用する、いわばその商品のターゲット層となる人々のことです。

CSVファイルとは

▼CSVファイルとは、項目をカンマ（,）で区切ったファイル形式のことです。「.csv」の拡張子を持つCSVファイルは、Excelはもちろん、メモ帳やメールソフトなどでも閲覧・編集などが可能な、互換性の高いファイルです。データを送信する際に相手がExcelを使っているかどうか不明な場合には、CSVファイルに変換してから送信を行うこともあります。

ECプラットフォームとは

▼ECプラットフォームとは、ECサイトを構築するためのベースとなるシステムのことです。

大きく分けて、アマゾンや楽天市場といったすでに存在しているネットショップに出店するモール型EC、ShopifyやBASE、ストアーズといったクラウド上で自社ECを構築していくショッピングカートASP、商品管理やブログ機能などの運用フレームワークを持たせているECパッケージがあります。

独自の機能を多数導入したい場合など、ECキューブなどネット上に公開されているオープンソースプログラムを活用、またはイチからシステムを構築するスクラッチ開発をすることで、プラットフォームを使わない構築方法もあります。

HTMLとは

▼HTMLとは、Hyper Text Markup Language（ハイパーテキスト・マークアップ・ランゲージ）の略で、ウェブページを作成するための言語のことです。

ハイパーテキストは、クリックすると別のページに移動するリンクを埋め込むことのできる高機能なテキストです。ハイパーテキストではウェブページから別のウェブページへのリンクだけでなく、画像や動画、音声などのデータファイルへのリンクのことも含みます。

マークアップとは目印をつけるという意味です。タグを用いてハイパーテキストに見出しや通常のテキスト、表やリストといった役割を持たせます。ハイパーテキストをマークアップすることで、コンピューターがページ構造を理解してわかりやすく表示させることができるようになります。

SEOとは

▼SEOとは、Search Engine Optimizationの略で、検索エンジン最適化という意味です。

ブラウザでキーワードを検索されたときに、検索エンジンの表示結果のより上位に自分のサイトのページが表示されるように策を凝らすことをSEO対策といいます。

まずはユーザーがどのようなキーワードで検索するのか調査しましょう。Google広告では「キーワードプランナー」というツールでキーワードごとに月にどれくらい検索されているか、といった検索ボリュームを調べることができます。

多くの人が検索しているキーワードだと競合が多く、検索数が極端に少ないキーワードだとそもそも検索してもらえない可能性もあります。自分のサイトはどんなキーワードで上位を狙っていくのか、しっかりと見極めましょう。

コンバージョンとは

▼コンバージョンとは、ウェブにおいてはそのページの目的のことです。CVと略されることもあります。ECサイトであれば、ユーザーによる商品購入がコンバージョンとなります。商品の購入の前段階としてカタログの配布や、商品の仕様や具体的な購入方法などの問い合わせの必要がある場合には、資料請求や問い合わせがコンバージョンとなるページもあるでしょう。

サイトを構築するときにはまずコンバージョンをしっかりと定めてページを構築していきましょう。ECサイトで商品を購入してもらうにはどのような動線にすればいいのか、サイト外でどのような対策をすればコンバージョンを達成できるのか、考えて運営していく必要があります。

APIとは

▼APIとは、Application Programming Interface（アプリケーション・プログラミング・インターフェース）の略で、アプリケーションやソフトウェアの機能をつなぎ、その機能を利用しあうもののことです。

ASPとは

▼ASPとは、Application Service Provider（アプリケーション・サービス・プロバイダー）の略で、インターネット経由でアプリケーションの機能を提供する事業者、またはサービスそのもののことを指します。

ASPはもともと完成されたサービスを利用するので、ECサイトを構築する際には一から作るよりも初期コストを大きく削減することができます。

Affiliate Service Provider（アフィリエイト・サービス・プロバイダー）もASPと呼ばれますが、こちらは広告の成果に応じて報酬を支払う人のことであり、まったくの別物です。

オープンソースとは

▼オープンソースとは、誰でも自由に扱ってよいと公開されているソースコードのことです。ソースコードとは、コンピューターが動作するためにプログラミング言語で記述されたもののことを指します。高額なライセンス費用がかからず、自由にカスタマイズして使用することが可能なので開発費用を抑えることができます。

WordPressもオープンソースのひとつです。

サーバーとは

▼サーバーとは、ファイルを保管したり情報を共有したりして、サービスを提供するコンピューターのことです。

GUIとは

▼GUIとは、Graphical User Interface（グラフィカル・ユーザー・インターフェース）の略で、ユーザーがマウスなどでのポインティングデバイスによって、直感的にコンピューターに命令を指示できる画面を指します。視覚情報により操作を判断することができるように、アイコンやボタンなどが設置されています。

CMSとは

▼CMSとは、Contents Management System（コンテンツ・マネジメント・システム）の略で、HTMLやCSSといった専門知識がなくともウェブサイトを構築・管理・更新できるシステムのことです。

　ブラウザ上で直接テキストや画像を挿入するだけで簡単にサイトの更新ができるので、ウェブ初心者にも扱いやすいものとなっています。

ローンチとは

▼ローンチとは、新商品を発売したり、新たなサービスを開始したりすることです。ウェブサイトを新しく公開するときにも使われます。

キャッシュフローとは

▼キャッシュフローとは、簡単にいうとお金の流れのことです。

　会社にお金が入ってくることをキャッシュイン、会社からお金が出ていくことをキャッシュアウトといい、キャッシュインからキャッシュアウトを引いた収支がキャッシュフローとなります。

アフィリエイトとは

▼アフィリエイトとは、成果報酬型の報酬のことです。アフィリエイターと呼ばれる人たちにブログなどで商品の口コミを書いてもらい、そのブログを読んだ人がリンクをクリックしてECサイトで商品を購入したらアフィリエイターに報酬を渡します。Googleなどに掲載する広告と違い、利益が発生したら報酬を与えることができるので、宣伝費用を抑えることができます。

Shopifyでアフィリエイトマーケティングを行う場合には、アフィリエイターや報酬を管理する専用のアプリもあります。

インフルエンサーマーケティングとは

▼インフルエンサーマーケティングとは、インスタグラムやユーチューブ、ツイッターなどでフォロワー数が多く、影響力のあるインフルエンサーに商品を紹介してもらい、多くのユーザーの関心や購入機会獲得につなげるマーケティング手法のことです。

顧客ロイヤリティとは

▼顧客ロイヤリティとは、顧客から企業やブランド、商品への愛着や信頼のことを指します。

ECサイトである程度の売上を伸ばしていくと、新規顧客ばかりを引き寄せることが難しくなる段階に入ります。すでにストアを利用してくれたことのあるユーザーに繰り返し商品を購入してもらえるように、満足度を上げられるような工夫を凝らしていきましょう。慣れれば新規顧客を呼び込むよりも低コストで済みます。

Shopifyでは商品購入ごとにユーザーにポイントを付加するなど顧客ロイヤリティを上げるために利用できるアプリもあります。

リードタイムとは

▼リードタイムとは、物流において発注から納品までにかかる時間のことです。もちろんリードタイムが短い方がユーザーからの信頼を得ることができます。海外への発送する場合にはどうしても国内に発送するよりリードタイムが長くなるため、事前に確認しておく必要があります。

BtoBとは

▼BtoBとは、Business to Business のことで、企業から企業に向けて商品やサービスを提供するビジネス体系のことを指します。一顧客あたりの単価が大きく、長期契約を伴うことが多いために成功すれば経営の安定が見込まれます。

対して企業から個人に商品やサービスを提供することを BtoC（Business to Consumer）、個人から個人に対して取引することを CtoC（Customer to Customer）といいます。CtoC はフリーマーケットなどがそれにあたり、近年ではメルカリなどオンラインでやり取りするサービスが主流となっています。

ウェビナーとは

▼ウェビナーとは、ウェブとセミナーを組み合わせた造語であり、Zoomなどを使ってオンライン上で行うセミナーのことを指します。

PayPal（ペイパル）とは

▼PayPalとは、クレジットカードやデビットカード、銀行口座などの情報をあらかじめ登録しておくことで、IDとパスワードだけで簡単にオンライン決済を可能にするサービスです。海外との取引でもPayPalが仲介することでユーザーの情報を相手に知られることなく決済できるので、安心して利用できます。

ドロップシッピングとは

▼ドロップシッピングとは、ユーザーから注文が入ったらメーカーやドロップシッピング業者から直接ユーザーの元に商品を配送するシステムのことです。ドロップシッピングを導入すれば在庫を抱える必要がありません。

販売チャネルとは

▼販売チャネルとは、商品やサービスを販売する際に利用する経路や手段のことです。ウェブ上で商品を販売するのはECサイトだけでなく、SNSなどあらゆる方法があります。

POSとは

▼POSとは、Point Of Sales（ポイント・オブ・セールス）の略で、販売時点情報管理

のことです。商品のバーコードを読み取り、商品の販売と同時に商品名、金額、数量などの情報を収集して管理します。そして、売上や在庫などを管理することができるようになります。

Shopify では POS 機能によって実店舗とオンラインストアの情報を組み合わせて分析することができます。また、ユーザーが実店舗で下見して気に入ったものをメールカートでリマインドしたり、オンラインで購入したものを実店舗に受け取りにきたり、実店舗に在庫がなくとも注文して自宅に配送したりと、実店舗とオンラインの連携方法はさまざまです。

アプリとは

▼Shopify のアプリとは、Shopify のストアに機能を追加したり、カスタマイズしたりするときに利用するものです。Shopify にデフォルトで備わっている機能は最低限のもののみです。アプリストアには2000以上のアプリがあるので、自由に選んでカスタマイズすることでオリジナルのストアを構築することができます。

WordPress でいうところのプラグインのようなものです。

おわりに

いかがでしょうか？

「これなら自分でもShopifyでECサイトを始められそう」と、少しでも思っていただけたでしょうか。

本書は、ECサイト運営を検討されている方が、「これならできそう。やってみよう」とビジネスの前向きな一歩を踏み出していただけるように願って書きました。

ビジネスを始める際は、コストやリスクを色々と調べることで、逆になかなか一歩が踏み出せなくなるものです。

やりたいビジネスが多くあるために、予算や時間のコストがかかり、はじめの一歩が踏み出せない。必要なシステムが備わったサービスがあっても、保守費用が高い……など、「できない理由」はたくさん出てきます。「やれること」と「やりたいこと」のバランスが合わず、諦めてしまったクライアントを多く見てきました。

ところが、Shopifyの登場によって、「まずはとにかく始めてから、改善を続けて育てていきませんか?」と提案できるようになりました。

何事も初めから大成功させるのは難しい。やってみないとわからないことだらけです。大切なのは、改善のサイクルを止めないこと。ECサイトは始めることが目的なのではなく、あなたの素晴らしい商品を一人でも多くのお客様に届けるための手段です。

Shopifyは基本機能でも十分EC機能は備わっており、低コストで始められます。拡張したくなったら随時追加していける。

つまり、小さくはじめて大きく育てていけるのです。

2020年の後半にこの本を書いていますが、この本を書いている間にもかなりインパクトの大きい改善がShopifyで公開されました。また、様々なアプリが、海外、日本問わず公開され続けています。

Shopifyは「これからのサービス」です。

私自身もShopifyパートナーとして、ストア制作、アプリ提供に限らず、この波にみなさんと一緒に乗り続けたいと思っています。

そんな私にとっての第一歩、Shopify に興味を持つ最初のひと押しをしてくれた株式会社変幻自在の中西健輔さん、本当にありがとうございました。

本書をまとめるにあたって、お忙しいなかインタビューに応じてくださり、質問にご回答くださった企業のご担当者のみなさまに感謝申し上げます。

Shopify 上陸時より様々なアドバイスとともに伴走してくださり、本書の冒頭に素晴らしい序文を寄せてくださった元 Shopify 日本第一号社員である上野チェルシー有彩さん、Shopify Japan のみなさま、そして日々ともに制作に励んでくれている弊社フルバランスのメンバー一同に、あらためて感謝いたします。

誰より、本書を手にとっていただいたあなたに、心から感謝申し上げます。

あなたのビジネスが一歩前進し、素晴らしい商品が1人でも多くの方に届くよう願っております。

２０２０年

株式会社フルバランス代表　角間実

【著者プロフィール】

角間 実（かくま・みのる）
デザインエンジニア／ IT 事業創造コンサルタント
株式会社フルバランス代表取締役
Shopify 公認エキスパート

滋賀県出身。慶應義塾大学大学院メディアデザイン研究科卒（メディアデザイン学修士）。20 代より、IoT の先駆けとなったセンサー技術を活用したインタラクティブなコミュニケーション技法を提唱。現在の FinTech の予兆を捉えた金融システムサービスや、OS 向けドライバー開発などの技術開発に携わるなど、インターネットの黎明期から頭角を現す。2002 年、公共放送系のテレビ制作会社にて最高技術責任者に就任。同社にて、デジタル放送コンテンツ、テレビ番組連動型コミュニティサイト、大手飲食店チェーンのシステム開発やサーバー設計に携わった。現在は自社にてシステムインテグレーション事業を拡大。EC サイト構築ほか E コマース事業を推進するとともに、早稲田大学政治経済学術院招聘研究員を兼務。データサイエンティストとしてソーシャルメディアから得られるビッグデータ解析をもとに社会動向を分析する研究に参画。次世代 EC を推進する D2C 企業へのサポート業務として中小企業から大手企業まで、幅広くコンサルティングなどに尽力。Shopify エキスパートとして、各種講演、ネットストアの企画・制作事業、Shopify 独自・公式アプリ開発を進めている。日本ルエダ協会理事。

株式会社フルバランス
https://fbl.jp/

Shopify ストアの制作依頼をご検討の場合
こちらまでご連絡ください。

https://ec-pr.fbl.jp/

商品売るなら Shopify

2021 年 1 月 2 日　　初版発行

著　者　角間　実
発行者　太田　宏
発行所　フォレスト出版株式会社
〒 162-0824 東京都新宿区揚場町 2-18　白宝ビル 5F
電話　03 - 5229 - 5750（営業）
　　　03 - 5229 - 5757（編集）
URL　http://www.forestpub.co.jp

印刷・製本　日経印刷株式会社

ISBN978-4-86680-114-8　Printed in Japan